朝日新書
Asahi Shinsho 978

# 底が抜けた国

自浄能力を失った日本は再生できるのか？

山崎雅弘



朝日新聞出版

今を生きる日本人と
五〇年後の日本人へ

# はじめに

この国は、いったいどうなってしまったのか。

かつての日本では、まずあり得なかったような低いレベルの不正や腐敗が、社会のあらゆる領域で発出しています。

高度経済成長で「先進国」となった戦後の日本では、与党政治家の贈収賄などの汚職事件が政界を揺るがすことも時々ありましたが、あくまで「個々の政治家の腐敗」というレベルに留まり、当事者は逮捕や議員辞職などの形で不正や悪事の責任を適正にとらされ、問題はおおむね解消するという「自浄作用」が働いていました。

けれども、現在の日本は違います。

与党政治家の汚職や不正が発覚しても、当事者が逮捕や議員辞職などの形で責任をとることがなく、いつのまにかウヤムヤの状態で幕引きとなり、問題は解消されるどころか、さらなる不正や腐敗へとエスカレートしています。

つまり、社会の健全さを維持する「自浄作用」が働かなくなってしまいました。

二〇一二年十二月に発足した第二次安倍《あべ》政権の時代に進行した、さまざまな政治と社会の病理（不正や腐敗がいくら発覚しても毎回不起訴にする検察、民主主義をないがしろにする形での政策決定など）も、岸田《きしだ》政権下でより深刻化しました。軍事面での日米両国の一体化（より正確には日本政府と自衛隊の、アメリカ政府と米軍への従属強化）により、憲法第9条に基づく専守防衛の国是は、実質的に放棄された状態となりました。

こうした、一昔前であれば全国民的な反対運動に遭遇したであろう「国策の逸脱」が、今の日本社会ではさしたる抵抗に遭わず、第二次安倍政権下で官房長官を務めた菅義偉《すがよしひで》の口癖を借りれば「粛々と」、主権者の国民を無視する形で進んでいます。

そして、問題がさらに深刻なのは、タガが外れたかのような倫理の崩壊が、与党政治家にとどまらず、財界すなわち大企業の経営者や、霞が関の国家公務員、東京都庁や大阪府庁の知事と公務員、権力を監視するはずの大手メディア各社（全国紙と在京・在阪のテレビ局、公共放送のＮＨＫ）なども、さまざまな利権の線で複雑に絡み合った巨大な「支配層」

を形成して、倫理崩壊をさらに助長させているように見えることです。

かつての日本社会では、政界・官界・財界という三つの勢力が、利害が一致する局面では連携して力を結集する一方、普段はそれぞれの力が拮抗《きっこう》して、一つの「界」が突出した力を持たないよう、互いに牽制《けんせい》し合う緊張状態を維持していました（次ページの図を参照）。

しかし現在は、自民党政権が官僚の人事を牛耳《ぎゅうじ》る「内閣人事局」（第二次安倍政権下の二〇一四年五月三十日に設置）によって、官界が事実上、政界の支配下に入りました。

そして、企業献金と政治資金パーティーという二つの「金脈」が財界から政界に流れ込むのと引き換えに、内閣は一般国民の生活向上を犠牲にして大企業と富裕層（企業の経営者と幹部社員、株主など）を優遇する「リターン」を提供し、政界と財界は緊密な癒着関係を形成するという、昭和後期に放送された時代劇のような癒着構造が生み出されました。

この政界と官界、財界の利益共同体は、民主主義が遅れている後進国（発展途上国）でよく見られる図式ですが、三つの権力を監視するという社会的役割から「第四の権力」とも呼ばれる大手メディア（新聞、テレビ）も、政治的圧力や経済的見返り（巨額の広告費や土地開発事業の利権参入など）と引き換えに、共同体に取り込まれてしまったようです。

その結果、日本社会では政界・官界・財界・大手メディア（および各界の利益を調整する

## 政財官の癒着構造と支配層の形成

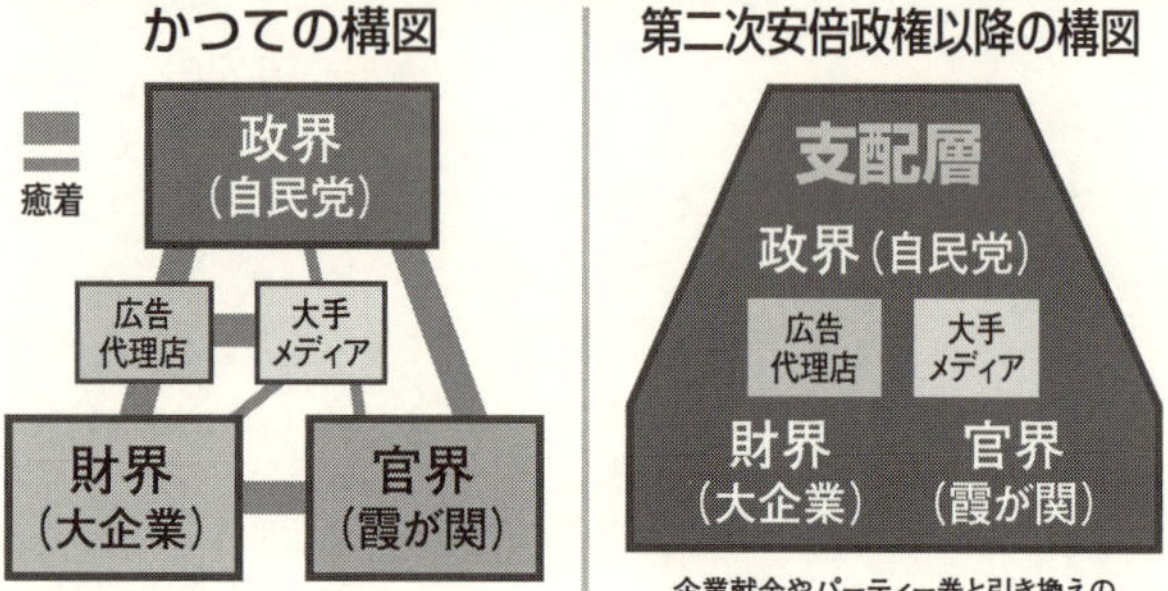


政界・財界・官界の「政財官トライアングル」の癒着構造が形成されたが、それぞれの「界」は互いに牽制しながら独立していた。

企業献金やパーティー券と引き換えの大企業優遇政策、内閣人事局の支配により政界・財界・官界の癒着構造が進み、広告代理店や大手メディアも取り込まれ、強固で巨大な「支配層」が形成された。

電通などの大手広告代理店）という四つの勢力が、巨大な「支配層」を形成しました。

社会の枢要な地位にある人間たちが、良識や節度を捨てて、私益の追求に走る。

これは、とても恐ろしいことです。

自分は責任ある公的な立場にいるのだから、一般国民よりもさらに高い良識や節度を持たなくてはならない、という当たり前の倫理規範と自制心が、現在の日本では国の各界の指導層からすっかり失われたようです。

自分の持つ権力は、自分一人のために使っていいもので、それをフルに自己利益のために使って何が悪い。文句があるなら、お前が「権力を持つ立場」になればいい。

こうした自己利益第一主義の考え方が、政

界や官界、財界、大手メディアの内部に広まり、一般社会でも「公益」という概念を平気でないがしろにする風潮がまん延し、強い者は弱い者に横暴に振る舞っても許されるという野蛮な態度が珍しくなくなりました。

権力を持つ者が、公益にも配慮してその力を抑制的に使うか、それとも私益だけを追求してフルに自分のためだけに使うかは、文明国と野蛮国の違いでもあります。

今の日本は、その意味では完全に野蛮国の領域に入ったと言えます。

いわば、「スーツを着たマッドマックス」の世界です。構成員の見た目は真面目そうでも、実際には横暴な部族の頭目がすべてを取り仕切り、善悪の基準も構成員の評価も、法律などの普遍的尺度でなく、頭目の利害損得によって左右されます。

あなたは、こんな現実を黙って受け入れられますか？

自分の生まれ育った国が、強い者が我が物顔に振る舞う野蛮国に変質し、傲慢で粗暴な人間が首相や閣僚、都道府県知事や市長となり、それらの公的地位に付随する権力を自己利益のために濫用するという異様な状況を、いつまでも看過できますか？

私がこの本を書いた理由は、大きく分けて二つあります。

一つは、同時代を生きる日本人の読者に対して、現在の日本社会に存在する深刻な問題を浮かび上がらせ、構造を読み解き、その改善策を考える材料を提供すること。

そしてもう一つは、後世の日本人（例えば五〇年後の日本人）が現在の、つまり二〇二〇年代の日本社会を「国が大きく道を踏み外した時代」として振り返った時に、具体的にどのような出来事が起きていたのかを彼らが知ることのできる（またはその手がかりになる）、歴史的な記録を残しておくことです。

この二つ目の目的は、一つ目の目的が成功し、日本社会の諸問題を解決して、手遅れになる前に国の進路を修正できれば、不要になるかもしれません。

しかし率直に述べると、私は日本社会の諸問題の解決については、あまり楽観視していません。重層的かつ複合的に日本社会を覆う問題点を、正しく分析して構造を読み解くことができても、それが「問題点の解決や克服」に繋《つな》がるかどうかは、国民多数の意識と行動に依るところが大きいからです。

タイトルの「底が抜けた」とは、以前であれば良識や常識のレベルで機能していた「社会の自浄作用」が、まったく働いていない異常さを表現する言葉です。

人体で言えば、免疫機構が機能不全になった状態を意味し、病原菌やウイルス、有害物質への抵抗力を持たない状態であり、きわめて危険な状況にあると思います。

こうした日本社会の病理を、各種の事実やデータに基づく論考で章ごとに読み解いて、今の日本社会がいかに歴史的に見て異常な状態なのかを、さまざまな視点から構造的に分析しました。病気への正しい対処には、症状の正確な診断が必要だからです。

世界史を振り返れば、どんな悪政や暴政も「永遠に続く」ことはなく、遅かれ早かれ自らの腐敗や思慮不足によって倒壊する運命にあります。とはいえ、悪政や暴政の自壊は、自己利益に目が眩《くら》んだ支配層がその富や権力を失うだけでなく、結果として社会の低層で暮らす大勢の人に理不尽な犠牲を強いる結果になることが少なくありません。

日本はかつて、そのような「自壊」を経験しました。一九四五年の敗戦です。

戦史や紛争史の研究を通じて、古今東西の悪政や暴政の自壊を観察してきた者として、自分の国がまたあのような自壊への道を進みつつある現状を深く憂慮します。

我々は今、何をしないといけないのか。

いつのまにか失われてしまった「社会の自浄能力」は、どうすれば取り戻せるのか。

野蛮国から先進国へ日本が復帰するために、我々は何をする必要があるのか。

今の日本で暮らす大人は、どんな社会を子どもに引き継ぐべきなのか。

底が抜けたニュースばかり日や耳に入る現状では、これらの問いはウンザリするようなストレスを感じる難問ですが、手遅れになる前に、みんなで一緒に考えてみませんか？

# 底が抜けた国

自浄能力を失った日本は再生できるのか？

目次

# 第一章

# 平和国家の底が抜け、戦争を引き寄せる自民党政府

## 《いとも簡単に既成事実化された「専守防衛の放棄」》

### 日本の進路を大きく変えた重要な転回点(ターニング・ポイント)

二〇二二年十二月十六日。

月日だけで呼ぶ形だと、12・16(いちに・てん・いちろく)。

これは何の日ですか? と訊かれても、すぐに確信を持って答えられる人は、おそらく現在の日本社会で、多くはないだろうと思います。

けれども、もしかしたら後世の日本社会では、「この日が日本の進路を変えた重要な転回点(ターニング・ポイント)であった」と広く語られ、教科書の項目として子どもに教えられているかもしれません。

そのくらい重要な決定が日本政府によって下された日だと、私は考えています。

では、その「重要な決定」とは何なのか?

戦後の日本社会が、多少の揺らぎを繰り返しつつも形式的には厳守してきた、他国との問題解決の手段としての戦争を行わない、という大方針を「放棄する」との政府宣言。言い換えれば、これまで国是としてきた「専守防衛」姿勢の事実上の放棄です。

このような内容の「閣議決定」を、自民党岸田文雄《ふみお》内閣が下した日でした。

「え、そんな重大な出来事、あったっけ？」

こんな風に戸惑う人もたくさんおられるでしょう。

実際、この決定を報じる大手新聞や在京キー局のテレビニュース、公共放送NHKの定時ニュースなどは、岸田内閣の閣議決定について、戦争を行わないという従来の大方針を「放棄する」、つまり「戦争を選択肢に含める」という重い事実を、深刻な問題として大きく報じてはいませんでした。

代わりに、大手メディアが新聞やテレビのニュースで重点を置いて報じたのは、「この閣議決定により進められる巨額の防衛費増大を何でまかなうか、国債か増税か」という、財源についての「手段の話題」ばかりでした。

なぜ、日本の大手メディアは、国民全員の未来にも大きく影響する、専守防衛の事実上の放棄という重大な問題を、きちんと報じなかったのでしょうか？

## 「防衛三文書の改定」という体裁でなされた「専守防衛の放棄」

岸田首相（当時、以下同）が二〇二二年十二月十六日に閣議決定したのは、防衛問題に関する日本政府の方針と具体策を定めた「国家安全保障戦略」と「国家防衛戦略」、「防衛力整備計画」の三つの文書内容の「改定」でした。

最初の「国家安全保障戦略」は、外交や防衛などの全体的な方針を定めるもので、二番目の「国家防衛戦略」は、具体的な防衛目標の設定とその達成方法、三番目の「防衛力整備計画」は、自衛隊の体制や五年間の経費の総額などをまとめた文書です。

この三つの文書全てに、新たに記載されたのが「反撃能力」という文言でした。

反撃能力とは、外国が日本をミサイルなどで攻撃した、あるいはする行動に着手した場合を想定し、相手国の領内に撃ち込めるミサイルを「反撃」のために保有するという概念です。これにより、その相手国の日本への攻撃を思い留まらせる「効果」が得られると、自民党政府と防衛省・自衛隊は説明しています。

こうした「相手国を攻撃する能力を持つ」という考え方は、実は二代前の安倍《あべ》政権の時代から政府内で議論されており、二〇一七年には射程五〇〇〜九〇〇キロの「スタンドオフ・ミサイル」の導入が決定されていました。

スタンドオフとは、相手側の部隊や兵器の射程外から発射できるという意味ですが、この時には「日本の離島などに上陸した敵などを攻撃するためのミサイルであり、外国領内の敵基地を攻撃する兵器ではない」と説明しました。

しかし、当時の安倍晋三《しんぞう》首相は防衛省の幹部に「(日本は)打撃力を持たないといけない」と述べており(二〇二四年七月五日付産経新聞)、二〇二〇年九月の首相退任直前には、「敵基地攻撃能力」の保有を検討する談話を発表していました。

敵基地攻撃能力は、文字通り「外国領内の敵基地を攻撃する能力」を意味しましたが、「攻撃」という言葉の専守防衛に反する印象を薄めるためか、後任の菅義偉首相は「反撃能力」と言い換えて、問題の本質を国民に気づかせないトリックを使いました。

自民党政権の説明によれば、自衛隊の「反撃能力」は、例えば相手国の日本に対するミサイル発射準備の「兆候」を察知した時、それが発射される前に攻撃して「叩く」という図式とされています。けれども、現在の自衛隊には、中国や北朝鮮で発射されるミサイルについて「どこを標的にしているか」を発射前に探知する能力はありません。

その事実は、北朝鮮が弾道ミサイルやロケットを発射するたびに発令される「Jアラート」と呼ばれる警報システムが物語っています。この警報は毎回、実際にミサイルが発射された後で発令されますが、あらかじめ北朝鮮政府が発表した情報を別にすれば、目標となる地点は正確に特定できておらず、きわめて大ざっぱな形（都道府県単位）でしか着弾予想範囲が示されていません。

つまり、実際にはできない「絵空事」を、政策の根拠にしているのです。

そもそも、外国の領土を攻撃可能な兵器を保有することは、日本国憲法で禁じられています。第9条の「国権の発動たる戦争と、武力による威嚇又は武力の行使は、国際紛争を解決する手段としては、永久にこれを放棄する」という条文がそれです。

相手に日本攻撃を思い留まらせるという意図で「外国を攻撃可能な兵器」を保有することは、「武力による威嚇」に該当し、それを「行使」する前提で政府が関係法令の変更を行うことは「国権の発動たる戦争」を念頭に置いた行動だからです。

そして、ミサイルは構造上「反撃」にも「攻撃」にも使える兵器であり、導入決定時に「反撃にしか使いません」というリミッターを追加装着しても、大量配備後に法律を変更すれば、簡単にリミッターを外すことが可能になります。

## 防衛問題をめぐる議論で欠落した「指導部の理性と合理的思考」の有無

日本の防衛問題を議論する際、個々の論点についての軍事的合理性や妥当性などが重視されますが、そこには大きな落とし穴があるように思います。

政府や防衛省、自衛隊の上層部が、常に高い理性と合理的思考を備えているかのような「無謬《むびゅう》(間違った判断をしない)性」を当たり前の前提としているからです。

先の戦争において、大日本帝国政府と陸海軍の上層部は、常に高い理性と合理的思考を備えていたとは言えず、しばしば独善的思考に走って誤った判断を下していました。

野中《のなか》郁次郎《いくじろう》ら六名の著者によるベストセラー『失敗の本質』(ダイヤモンド社/中公文庫)は、先の戦争における日本軍の組織的な失敗のパターンを多角的に研究した名著ですが、第二章の「戦略上の失敗要因分析」の小見出しは、次のようなものでした。

「あいまいな戦略目的」「短期決戦の戦略志向」「主観的で『帰納的』な戦略策定——空気の支配」「狭くて進化のない戦略オプション」「アンバランスな戦闘技術体系」

また、同じ章の「組織上の失敗要因分析」の小見出しは、以下の通りです。

「人的ネットワーク偏重の組織構造」「属人的な組織の統合」「学習を軽視した組織」「プ

ロセスや動機を重視した評価」
そして、「主観的で『帰納的』な戦略策定——空気の支配」の項目では、次のような問題点の指摘がなされていました。
「日本軍の戦略策定は一定の原理や論理に基づくというよりは、多分に情緒や空気が支配する傾向がなきにしもあらずであった」（中公文庫版、p．283）
大日本帝国時代の日本軍に造詣の深い半藤一利《はんどうかずとし》も、東日本大震災と福島第一原発事故から間もない二〇一一年七月号の『文藝春秋』の鼎談《ていだん》で、次のように指摘しました。
「福島第一原発の事故発生以来の政府や東電の一連の対応を見ていると、太平洋戦争における陸軍や海軍の姿とあまりにも似ていることに愕然《がくぜん》とします。これは私の昭和史の大テーマでもあるんですが、日本人には危機に際して、『起きては困ることは、起こらないことにする』悪癖があるんです」（p．158）
「（戦艦）大和と原発、共通して根底にあるものに目を向けるべきだと思うんです。それは一言でいえば、エリート集団による情報の遮断・独占ではないでしょうか。いわゆるタコツボ化の弊害です」（p．159）
第二次安倍政権から現在に至る自民党政権は、先の戦争に関する反省や批判的評価を拒絶し、安倍首相（当時）や閣僚の靖国神社参拝が物語るように、大日本帝国時代の精神文化を継承するスタンスをとっています。そんな権力集団が、これらの批判的指摘を真摯に検討し、過去の失敗事例として心に刻んでいるとは考えられません。

そして実際、第二次安倍政権から現在に至る自民党政権は、自分たちが推進する政策についての批判を国会で野党議員から提示されても、誠実な論理で返答せず、コミュニケーションを遮断する「詭弁《きべん》」で煙《けむ》に巻く手法を常習的に続けています（第二章で後述）。

このような国家指導部が、国の防衛政策を前のめりで進める時、過去の大日本帝国陸海軍が内包していた致命的な欠陥が、再び繰り返される可能性は低くはないでしょう。

## 《日本の軍備増強と三菱重工業》

### 同じ日に掲載された、三菱重工業に関する二つの新聞記事

自民党政権が進める軍備増強政策において、見落としてはならないのは、先の戦争中と同様、日本の軍需産業がそこで大きな役割を担っているという事実です。

二〇二四年七月十七日、今の日本を象徴する記事が、二つの新聞に掲載されました。

一つは、日経新聞に掲載された「三菱重《みつびし》、半年で株価2倍」「防衛の受注急増」という記事。もう一つは、しんぶん赤旗が一面トップで掲載した「年金積立金　軍事企業に巨額の投資」「三菱重工など　岸田大軍拡で株価急騰」という記事です（「三菱重」と「三菱重工」は三菱重工業の略称）。

見出しを見比べればわかるように、この二つの記事は三菱重工業という企業の業務内容と同社の株価急騰について、まったく異なる角度から説明したものでした。「三菱重工業の株価が絶好調だ」という言葉で始まる日経新聞の記事は、同社の株高を「慶事」のように肯定的に説明し、その背景として各種兵器の受注増大がある事実を記しています。

「『三菱重工にはとにかく早く製造してほしいとお願いしている』。防衛省幹部は話す。政府は23～27年度までの防衛費の総額を43兆円と前の計画の1・6倍にした。三菱重工を中心に製造する長射程の『スタンド・オフ・ミサイル』などの強化を急ぐ」

「期待を集める三菱重工は防衛・宇宙事業の受注高が急増。24年3月期は1兆8781億円と前の期の3・4倍に膨らんだ。23年3月期まで約20年間にわたり5000億円前後だったのとは様変わりした」

「三菱重工のミサイル製造の拠点、名古屋誘導推進システム製作所（愛知県小牧市）では来夏の完成をめざし2つの工場棟の建設が急ピッチで進む。岡三証券の諸田利春アナリストは23～27年度における三菱重工と防衛省との累計契約額を7兆5000億円強と推計。『今後5年超は売上高と利益の成長が続く可能性がある』と指摘する」

それに対し、しんぶん赤旗の記事は、同社をはじめとする軍事企業の株価が急騰する背景として、岸田内閣の進める「大軍拡路線」を挙げ、公的年金の積立金を株式市場で運用する「年金積立金管理運用独立行政法人（GPIF）」の莫大な資金が軍事企業に流れ込むことも、三菱重工業などの株式時価総額の上昇に繋《つな》がっていると述べています。

「防衛省の契約額トップの三菱重工業の株価は1年間で約3倍化。防衛省の契約額は3652億円（22年度）から1兆6803億円（23年度）に4・6倍に増えました。同社は決算説明資料で『日本政府の防衛力の抜本的強化の方針を受けて、23年度はスタンド・オフ防衛能力に関する案件をはじめ、複数の大型案件を受注』したことが大幅な売上増につながったと強調します」

「GPIFは23年度に45兆円の運用益を出しましたが、岸田政権による軍拡特需も収益押し上げの一因となった形です」

しんぶん赤旗は、GPIFが国内の軍事企業だけでなく、ハネウェル・インターナショナルや、レイセオン・テクノロジーズ、ロッキード・マーティン、ノースロップ・グラマン、ジェネラル・ダイナミクスなど、核兵器やミサイル、戦闘機や爆撃機、爆弾などを製造するアメリカの軍事企業の株式にも巨額の投資をしている事実（この五社で計四五四〇億円）にも言及しています。

そして、同紙は「国民と企業の納めた保険料を原資とした年金積立金を軍事企業に投資するのは問題です」という言葉で記事を締めくくりました。

## 三菱重工業について国会で質問した辻元清美議員

岸田内閣の大規模な軍備拡張政策が本格的に始動したのは、二〇二二年十二月十六日に閣議決定した「防衛三文書の見直し」がきっかけでした。

防衛省は、この決定の内容を踏まえ、より「戦略的・機動的な防衛政策の企画立案が必要とされて」いるとして、二〇二四年二月十九日に「防衛力の抜本的強化に関する有識者会議」を開催しましたが、そこに参加した委員の中に、三菱重工業の宮永俊一《みやながしゅんいち》会長も含まれていました。

また、二〇二三年十月十二日に経済産業省が開いた「経済安全保障に関する産業・技術基盤強化のための有識者会議」にも、三菱重工業の泉澤清次《いずみさわせいじ》社長が委員に名を連ねていました。国の政策決定に大きな影響力を持つ、政府直轄の諮問委員会に、その分野で利害関係を有する企業のトップが「有識者」として加わっているのは、どう見ても公正さに欠ける状況で、国民全体の利益という意味での公益性に反しています。

この異様な状況について、立憲民主党の辻元清美《つじもときよみ》議員は、二〇二四年三月四日の参議院予算委員会において、重要な問題点をストレートに指摘していました。同委員会の会議録に基づき、やりとりを以下に引用します（《　》内は引用者の補足）。

彼女はまず、自民党の「裏金議員」（第二章で後述）に対する岸田首相の認識について質問したあと、それに関連する形で「企業・団体献金」も「この際禁止したらどうでしょうか」と首相に問い、その理由の具体例として「防衛力強化の有識者会議」に言及しました。そして、委員の中に、三菱重工業の宮永俊一取締役会長がいることを確認した上で、「なぜここに三菱重工会長が入っているんですか。どういう役割を期待していますか」と訊きました。

これに対し、木原稔《きはらみのる》防衛大臣は「実際に防衛生産・技術基盤を担う装備品のメーカーとして、高い見識と科学技術の観点から人選した」と答弁しました。

その後、辻元議員が「それでは、三菱重工にどんな装備品を発注していますか」と質問すると、木原防衛大臣は、防衛省が同社に発注した主な兵器（政府の呼称では「防衛装備」）として、一〇式戦車、一六式機動戦闘車《装輪装甲車》、一二式地対艦誘導弾《地上発射型の誘導ミサイルシステムで、「改良型」は相手国内のミサイル発射基地への攻撃にも使用可能》、PAC3《飛来した弾道ミサイルを迎撃する地対空ミサイルシステム》、「あたご」型護衛艦、「たいげい」型潜水艦、F2《戦闘機》、F15《同》、SH60K《哨戒《しょうかい》ヘリコプター》、UH60J《多用途ヘリコプター》を列挙しました。

また、辻元議員が「三菱重工、十年間の各年、発注額と順位を教えてください」と尋ねると、防衛装備庁の深澤雅貴《ふかさわまさき》長官は、過去十年間の各年度における三菱重工業との契約金額を説明しました。それによると、二〇一三年度は約三一六五億円、二〇二二年度は約三六五二億円で、十年間の平均は約三二二一億円でした。

深澤長官は契約額の順位について、二〇一五年度には第二位で、それ以外の年度ではいずれも第一位だったと答えました。そして、辻元議員からの「断トツなんですね。今年度は幾ら予算ですか」との質問に、深澤長官は二〇二三年度の三菱重工業との契約金額として「本年二月二十七日の時点で、約一兆九五〇億円」と答え、増額の理由については「防衛力整備計画に基づきまして必要な事業を執行した結果でございます」と述べました。

### 国会での辻元議員と岸田首相の三菱重工業に関する質疑

これらの答弁を踏まえ、辻元議員は問題の核心部分へと踏み込みました。

**辻元**　「三菱重工、昨年の投資家への説明でも、来年は防衛費倍増するから一兆円程度に増えるというような説明をされています。その資料を見たことがあります。

総理、この三菱重工会長は、防衛省と利害関係者じゃないですか」

**岸田**　「三菱重工は、今委員《辻元》のやり取りの中でありましたように、この防衛省、政府から発注を受けている企業であります。そういった関係は存在いたします」

**辻元**　「だから、利害関係者ですかと聞いています」

**岸田**　「いや、利害関係者という言葉の定義いかんでありますが、実際は今やり取りがあったとおりであると申し上げております」

一般常識で考えて、防衛省から巨額の兵器発注を受けている三菱重工業は、防衛政策における「利害関係者」なのは明らかで、防衛政策の方針を議論する政府の会議に同社の取締役会長が加わっているのはおかしいではないか、というのが辻元議員の質問でした。しかし、岸田首相は「利害関係者という言葉の定義」云々という詭弁で質問をはぐらかし、何が問題なのかわからないという、とぼけた態度を示しました。

**辻元**「総理、今年度も一兆円ですよ、発注しています。そういう利害関係者を有識者会議、防衛政策の、任命するのは、私、たとえこの方が立派な方であったとしても、それから三菱重工のためにも、変なこと言われないように控えた方がいいと考えますが、いかがですか」

**木原**「申し上げたように、有識者会議のメンバー、先ほど申し上げたとおり、その中でお一人だけ、いわゆる防衛生産・技術基盤の強化というのは、これは国家安全保障戦略、防衛力整備計画にしっかりと書かれていることでございますから、その中でお一人はそういった装備品のメーカーからお呼びして、実績の一番これまであった三菱重工の会長さんをお呼びしたというところになります」

**辻元**「あのね、そういう企業はヒアリング《参考聴取》で呼べばいいんですよ。《決定に影響を及ぼす有識者会議の》中に入れるのは控えた方がいいと言っているんです」

そして辻元議員は、自民党と三菱重工業の「直接の繋がり」についても質問しました。

**辻元**　「総理、さらに、この三菱重工から自民党の政治資金団体は毎年多額の企業献金を受けていますね。事実ですか」

**岸田**　「お尋ねの献金ですが、自民党の政治資金団体、一般財団法人国民政治協会は、現在公開されている政治資金収支報告書の範囲で公開、お答えするならば、令和二年《二〇二〇年》から四年《二〇二二年》にかけて、いずれも三千三百万円を三菱重工から寄附をいただいております」

**辻元**　「毎年三千三百万円ずつ、この三菱重工から自民党は政治献金受けています。政治献金もらっているから、委員にふさわしくなくても《会議に》入れるんですか」

**岸田**　「防衛力を強化する際には、もちろんこの政府の体制、重要でありますが、その装備品技術を支える産業のこのありようにも大きな影響をもたらします。二十人近いメンバーの中に一人、その防衛産業の実際の経験のあるメンバーにも入っていただくことは、全体のこの議論のバランスとしても不都合なものではないと考えます」

## 《岸田政権が既成事実化し拡大しつつある「兵器輸出」政策》

### 三菱重工業から献金を受けた自民党が、同社への発注増加の政策を決定

自民党政権下で急激な軍備拡張政策が進められ、それによって兆単位という巨額の発注を受ける企業が、それに先だって多額の政治献金を自民党に行っていた。

令和より前の日本なら、重大な汚職疑惑として大手メディアが問題視していたであろうと思われる異様な状況ですが、辻元議員は次のような言葉で問題を指摘しました。

**辻元**「結局、国の根幹に関わる防衛政策の会議にその政策でもうける利害関係者を入れて多額の発注をし、自民党が政治献金を受け取る、還流している、まるでキックバックじゃないですか。こういうことが駄目だから企業・団体献金禁止をしようと言っているんですよ。いかがですか」

この核心を突いた質問に対しても、岸田首相は長々と言葉を並べながらも、内容的には要領を得ない返答ではぐらかす態度をとりました。

岸田　「企業・団体献金の考え方については先ほど答弁させていただいたとおりであります。

そして、与党、特に我々自民党の政策決定のプロセスを考えますときに、そうした寄附によって左右されるものではないと我々は考えています。政策決定に当たって、もちろん多くの国民の皆さんの声が基盤にあるわけでありますが、それに向け、それに加えて、有識者あるいは閣僚、専門家、こういった関係者の議論を丁寧に積み重ねた上で、最終的には何百人にも及ぶ党の所属議員が何日にもわたって議論を行った結果、政策を決定する、これが我が党の政策決定のプロセスであります。

こうしたプロセスを考えますときに、特定の企業からの寄附等が政策決定に影響を与える、そういったことは考えにくいと思っております」

岸田首相の答弁を読めばわかるように、彼は辻元議員の「まるでキックバックじゃないですか」、つまり自民党が三菱重工業から寄付金を受け、三菱重工業の利益になる政策を決定しているのではないかというシンプルな問いに、何一つ答えていません。

政策決定のプロセスが、事実上の密室あるいはブラックボックスである現実をごまかすため、「何百人にも及ぶ党の所属議員が何日にもわたって議論を行った結果」であるかのような「ストーリー」を述べていますが、最初から「結論ありき」で政策決定プロセスが進行したかどうかを、国民側が検証する術《すべ》はありません。

辻元議員は、岸田首相の不誠実な答弁に含まれる問題を、さらに指摘しました。

**辻元**「政策に影響は受けないと言いながら、政策に影響を与える有識者会議の委員にわざわざ《三菱重工業の会長を》就けているんですよ。あなた、言っていること矛盾していると思いませんか」

**岸田**「矛盾しているとは思いません。日本の防衛力を考えますときに、政府の対応もちろん重要でありますが、それを支える防衛産業の実態についてもしっかり把握した上で総合的な日本国の防衛力を考えなければいけない、これは当然のことであります」

## 自民党政権の「武器輸出解禁」と三菱重工業の利益

岸田首相が答弁で述べた「防衛産業の実態についてもしっかり把握した上で」という理由は、論理的には、辻元議員の「それなら委員でなく参考人としてヒアリングすればいい」という指摘によって打ち消される内容です。委員とは、会議の中で意見を主張して、結論に直接影響を及ぼしうる立場ですが、ヒアリングの参考人は特定分野についての専門的意見を聴取されるだけで、会議の結論に直接影響を及ぼすことはありません。

辻元議員はさらに、日本とイタリア、イギリスが共同開発する予定の次期戦闘機について質問し、日本側の受注企業が三菱重工業であるとの木原防衛大臣の答弁を受けて、次のような言葉で日本政府の「武器輸出」の政策転換を指摘しました。

**辻元**　「これね、また三菱重工なんですよ。

それで、日本は殺傷能力のある武器は海外に輸出しないとなっていたわけですけれども、どんどん輸出してもうけようかというような話を実際やっているんですよ。政策に相当影響を与えていますよ」

辻元議員は、この案件について政府与党の自民党と公明党の間でどんな協議がなされているかを問うた上で、木原防衛大臣に次のような質問を投げました。

**辻元**　「今、日本は第三国に完成品の戦闘機輸出できますか、防衛大臣」

**木原**　「現行の装備移転三原則並びに運用指針というものがございますが、その現行の制度の中では今委員がおっしゃったようなものは移転ができないということになっております」

ここで木原防衛大臣が口にした「移転」という言葉は、輸出という意味の婉曲語です。

戦後の日本は、平和主義の憲法に基づき、戦争や武力による他国への威嚇を放棄するだけでなく、殺傷能力のある武器（兵器）の輸出を自ら禁じる国策をとってきました。

それが、いわゆる「武器輸出三原則」です。その発端は、一九六七年四月二十一日に、当時の佐藤栄作《さとうえいさく》首相（自民党）が衆議院決算委員会で行った答弁で、共産圏（東西冷戦下のソ連とその同盟国など）や国際紛争の当事国、国連決議で武器等の輸出が禁じられている国に対して「武器の輸出を認めない」と説明しました。

この佐藤首相の答弁は、殺傷能力のある武器の輸出全体を禁じる内容ではありませんでしたが、一九七六年二月二十七日の衆議院予算委員会で、当時の三木武夫《みきたけお》首相（自民党）は佐藤首相の三原則対象地域への武器輸出禁止を踏まえた上で、それ以外の国々に対しても「憲法および外国為替および外国貿易管理法の精神にのっとり、『武器』およびその製造関連設備の輸出を慎む」との追加を「政府統一見解」として示しました。

三木首相の「政府統一見解」における「武器」の定義については、「軍隊が使用するものであって、直接戦闘の用に供されるもの」で、「本来的に、火器等を搭載し、そのもの自体が直接人の殺傷又は武力闘争の手段としての物の破壊を目的として行動する護衛艦、戦闘機、戦車のようなもの」がこれに該当するとの解釈がなされました。

その後、民主党の鳩山由紀夫《はとやまゆきお》政権下で、武器輸出三原則の見直しに関する検討作業が始まりましたが、この問題を取り巻く状況が大きく変わったのは、二〇一四年四月一日に当時の安倍晋三首相（自民党）が行った「防衛装備移転三原則」という閣議決定でした。

この中で、安倍政権は「武器」を「防衛装備」、「輸出」を「移転」と、マイルドな印象の言葉に置き換えた上で、「移転を認め得る場合」は相手国を限定して透明性を確保した厳格な審査を行い、情報を公開するとの条件で、外国への武器輸出に扉を開きました。

この閣議決定のあと、同年七月に三菱重工業が生産する「パトリオット・ミサイル」の部品がアメリカに輸出されるなど、兵器の部品やソフトウエア、非武装の練習機などの外国への輸出がいくつか認められました。

## 兵器輸出に前のめりな岸田首相と自民党

それから九年後の二〇二三年十二月二十二日、岸田内閣は「防衛装備移転三原則」の一部改正を閣議決定しましたが、そこでは改正前の「今後は次の三つの原則に基づき防衛装備の海外移転の管理を行うこととする」という文言が、「次の三つの原則に基づき防衛装備の海外移転の管理を行った上で、官民一体となって防衛装備の海外移転を進めることとする」に置き換えられていました。

一読すればわかる通り、岸田政権は安倍政権よりもさらに前のめりな姿勢で「官民一体となって」武器や兵器の海外輸出を進めると態度表明したことになります。

また、同日には「防衛装備移転三原則の運用指針」の改正も閣議決定され、「防衛装備の海外移転を認め得る案件」の条件が、以前より広く認められました。

こうした流れの中で問われたのが、先に引用した、二〇二四年三月四日の参議院予算委員会での、辻元議員の質問でした。前記した木原防衛大臣への質問に続き、辻元議員は岸田首相にも、武器の輸出についての質問を行いました。

**辻元**「では、総理にお聞きしましょう。なぜ、今まで殺傷能力のある武器は日本は輸出してこなかったんですか」

**岸田**「二〇一四年にこの防衛装備移転三原則及び運用指針、現在のこの三原則と運用指針は策定されたわけですが、これは、新たな安全保障環境に適合するよう、それまでに個別の必要性、実例を積み重ねてきました。こうした例外的措置の経緯を踏まえて、移転を認め得るケースを限定したものであります。

そのケースの中に、御指摘の戦闘機等の第三国移転はこのケースとして挙げられておりません。そのことから輸出を認めないという取扱いとなってきたと認識をしております」

**辻元**「それでは、総理は、今後、人を殺す武器も日本は輸出する国にしたいんですか」

この問いに対し、岸田首相は、開発パートナー国との資金や技術の共有、第三国への移転（輸出）による販売市場拡大などのメリットを挙げた上で、「政府としては、この共同開発によって得られた完成品についてもこの第三国への移転を可能とすることを考えるべきであると、こういった考え方に立っています」と答えました。関連する岸田首相への確認質問と答弁のあと、辻元議員は改めて問題の重要さについて、こう指摘しました。

**辻元**「今、べきであるとおっしゃったんですけどね、これは単なる次期戦闘機の扱いの問題ではないです。武器の輸出国にならない、これ国是のようなもんだったんですよ。その国のありよう、基本方針を変える大きな問題であると。

だから、自公の密室だけとか三菱重工と話せばいいということではないんです。イギリス、イタリアと話す前に、この国のありようをどうするかということをしっかり議論すべきじゃないですか」

## 《三菱重工業と昭和の日中戦争・アジア太平洋戦争》

### 軍需産業としての三菱重工業の歴史

この国会での辻元議員と岸田首相や木原防衛大臣の質疑から二二日後の二〇二四年三月二十六日、岸田内閣は「グローバル戦闘航空プログラムに係る完成品の我が国からパートナー国以外の国に対する移転について」と題した閣議決定を行いました。

この中で、岸田内閣は、日本の三菱重工業とイギリスのBAEシステムズ社、イタリアのレオナルド社による戦闘機の共同開発事業を「グローバル戦闘航空プログラム」と呼称し、パートナー国の英伊両国以外の第三国への輸出を認める方針を明記しました。

「政府は、『防衛力整備計画について』（令和4年12月16日国家安全保障会議決定及び閣議決定）に基づき、我が国の安全を確保する上で中核となる次期戦闘機の英国及びイタリアとの共同開発（以下「グローバル戦闘航空プログラム」という。）を推進する中で、我が国の安全保障環境にとって必要な性能を満たした戦闘機を実現し、我が国防衛に支障を来さないようにするためには、我が国からパートナー国以外の国に完成品を移転し得る仕組みを持ち、英国及びイタリアと同等にグローバル戦闘航空プログラムに貢献し得る立場を確保する必要があるとの認識に至った。

このため、グローバル戦闘航空プログラムに係る完成品の我が国からパートナー国以外の国に対する移転を認め得ることとし、『防衛装備移転三原則の運用指針』（平成26年4月1日国家安全保障会議決定。以下『運用指針』という。）を改正する。また、今後、実際にグローバル戦闘航空プログラムに係る完成品を我が国からパートナー国以外の国に移転する際には、『防衛装備移転三原則』（平成26年4月1日国家安全保障会議決定及び閣議決定）及び運用指針に基づいて移転の可否を判断することとなるが、通常の審議に加え、個別案件ごとに閣議で決定することとする」

こうして、三菱重工業が共同開発に参加する次期戦闘機の第三国への輸出が、自民党と公明党の協議で承認され、自民党に三年間で九九〇〇万円の企業献金を行った三菱重工業は、またひとつ兵器分野での大規模な事業を自民党政権にお膳立てされました。

ところで、三菱重工業という企業が誕生したのは、戦前の一九三四年四月（三菱造船から改称）で、同年六月に系列会社の三菱航空機と合併して、その規模を拡大しました。

三菱重工業は、明治初期に政商・岩崎弥太郎《いわさきやたろう》が創立した三菱財閥の基幹となる企業でしたが、先の戦争中には、戦艦「武蔵《むさし》」や零《れい》式戦闘機（通称「ゼロ戦」）などの軍艦および軍用機の製造を中心に各種兵器を生産して、日中戦争からアジア太平洋戦争に至る日本軍の戦争をハードウエアの面から支え続けました。

三菱造船の起源は、幕末の一八六一年に完成した幕府直営の「長崎製鉄所」で、武力による政変（明治維新と戊辰《ぼしん》戦争）で江戸幕府を倒し政治の実権を握った明治新政府が、一八六八年（明治元）に同所を継承したあと、一八八四年（明治一七）に三菱が経営権を取得し、一九一七年（大正六）には「三菱造船株式会社長崎造船所」と改称しました。

## 大正期から昭和期に三菱重工業が製造した陸海空の各種兵器

三菱重工業が初めて軍用機の開発に携わったのは、第一次世界大戦中の一九一六年（大正五）でした。

この時、海軍から艦上機の製作を依頼されましたが、基礎的な技術がないため、最初は航空機用のエンジン開発に着手しました。自社技術だけでは製作がおぼつかないと判断した同社（当初は三菱造船神戸造船所内燃機課、一九二〇年に三菱内燃機として独立）は、翌一九一七年にイスパノ・スイザというフランスの兵器メーカーから水冷エンジンの製作権を購入し、第一次大戦が終結した後の一九一九年から本格的な製作を開始しました。

その後、一九二一年には海軍から発注を受けた艦上戦闘機の機体を製作しましたが、これも独自技術だけでは無理で、イギリスの兵器会社ソッピース社の設計主任ら八人の技術陣を外国から招いて設計と製作を進めました。同社が完成させた、木製羽布張りの複葉戦闘機は、日本海軍の最初の空母「鳳翔《ほうしょう》」に搭載される一〇式艦上戦闘機として一九二三年十一月に制式採用され、一九二八年までに計一二八機が生産されました。

三菱内燃機は、一九二二年以降も海軍および陸軍の航空機を大量に受注し、各種の工場や関連施設を拡充しました。そして一九二八年五月、同社は艦艇関係の内燃機事業を三菱造船に譲渡し、航空機の製造を専門とする三菱航空機として再出発しました。

昭和初期には、陸海軍からの航空機の発注は減少しましたが、一九三一年の満洲事変と一九三二年の第一次上海事変を機に、三菱航空機は軍用機の受注が激増し、一九三二年の受注量は機体で前年比の約三倍、エンジンでも二倍に増えました。これに伴い、同社は再び製造工場などを拡充し、一九三四年（日中戦争勃発の三年前）には前記した通り三菱造船と合併して、三菱重工業という巨大軍需企業へと成長しました。

## 三菱重工業の航空機機体と発動機の受注金額

| | 航空機機体の受注金額 | 発動機の受注金額 |
|---|---|---|
| 1937年 | 3,530万円 | 1,409万円 |
| 1938年 | 9,814万円 | 3,557万円 |
| 1939年 | 9,523万円 | 6,605万円 |
| 1940年 | 1億7,041万円 | 1億2,295万円 |
| 1941年 | 2億0,529万円 | 1億7,695万円 |
| 1942年 | 3億4,659万円 | 2億9,499万円 |
| 1943年 | 5億3,302万円 | 4億4,661万円 |
| 1944年 | 12億2,690万円 | 5億7,794万円 |
| 1945年 | 2億4,952万円 | 2億3,005万円 |

出典：『第二次大戦と三菱財閥』（日本経済新聞社）pp.90-91

一九三七年七月に日中戦争が勃発すると、三菱重工業の航空機とエンジンの受注はさらに増加し、軍用機の大量生産体制が整備されました。一九三二年の機体受注は、陸海軍合わせて一八一機でしたが、一九三七年には陸海軍で計四一八機と、五年で二・三倍に増加し、一九三八年にはさらに前年の二・七倍に当たる一一二五機を受注しました。

金額ベースで見ると、日中戦争が勃発した一九三七年から戦争終盤の一九四四年までに、三菱重工業が受注した航空機の機体と発動機（エンジン）の受注金額は、途方もない勢いで増え続けました（上の図を参照）。

一九三七年三月二十九日に帝国議会の貴族院本会議で可決された「十二年度（一九三七年

度）予算案」、つまり当時の日本の国家予算は、約二八億七〇〇〇万円でした。最初に提出された予算案は三〇億四〇〇〇万円でしたが、「厖大《ぼうだい》予算」として議論の的となり、衆議院の審議で厳しく批判された後、二月二十日の閣議決定で削減されました。

この国家予算の金額を念頭に置いて、三菱重工業の航空機分野での受注額の増大を見れば、戦争がどれほど軍需産業に「当座の受注」をもたらすかがよくわかります。戦争末期の一九四四年、同社は航空機の機体とエンジンだけで約一八億円の受注を得ましたが、これは一九三七年度の国家予算の約六三パーセントに相当します。

三菱重工業が製作した軍用機の中で、特に有名なのは、一九四〇年七月二十四日に海軍が制式採用した零式艦上戦闘機と、一九四一年四月一日に海軍に制式採用された一式陸上攻撃機（一式陸攻）でした。アジア太平洋戦争が勃発した後の一九四三年には、三菱重工業は海軍のゼロ戦と一式陸攻、陸軍の一〇〇式司令部偵察機（一〇〇式司偵）と九九式襲撃機など、軍用機三八六四機を生産しました。

軍艦の造船に関しても、満洲事変以降、三菱造船および三菱重工業の発注は増加し、一九三八年二月十日には、海軍との間で「大和《やまと》」型大型戦艦の二番艦「武蔵」の製造契約が締結されました。戦艦「武蔵」の建造は、同社の長崎造船所で行われ、工場などの関連設備の拡充が急ピッチで進められました。

このほか、三菱重工業は陸軍が開発した八九式中戦車を一九三〇年から生産したのを皮切りに、九五式軽戦車や九七式中戦車などの装甲車輌を生産し、日中戦争の勃発から三年後の一九四〇年には、九五式軽戦車と九七式中戦車だけで三八〇輌が生産されました。

## 原子爆弾を投下された長崎と三菱重工業の兵器工場群

アジア太平洋戦争末期の一九四五年八月九日、アメリカ軍は長崎に二発目の原子爆弾を投下しました。この二発目の原爆を搭載したB29戦略爆撃機（機体の愛称は「ボックスカー」）は、出撃時の計画では福岡県の小倉に原爆を投下するはずでしたが、この日は小倉上空の天候が不良だったため、二次目標の長崎に投下される結果となりました。

一九四五年五月十日から十一日にアメリカ政府内で開かれた、原爆目標選定委員会の段階では、長崎は五つの目標都市（京都、広島、横浜、小倉、新潟）には含まれていませんでした。しかし、投下の権限を持つスティムソン陸軍長官の反対により、京都がリストから外されて、代わりに長崎が原爆投下目標の候補地に追加されました。

長崎が原爆の投下目標に選ばれた理由として、過去に大規模な空襲被害を受けていない

（原爆の効果を測定しやすい）ことに加えて、長崎造船所や長崎兵器製作所など、三菱重工業の軍需工場がいくつも存在した事実が考えられます。もし、同社の大規模な軍需工場が存在しなければ、長崎が原爆の投下目標となることもなかったかもしれません。

一九四五年の敗戦後、連合国の占領当局（いわゆるＧＨＱ）が進めた財閥解体と過度経済力集中排除法（一九四七年十二月十八日公布・施行）により、三菱重工業は一九五〇年一月十一日に東日本重工業、中日本重工業、西日本重工業の三社へと分割されました。

しかし、朝鮮戦争が行われていた一九五二年に「三菱」の商号が復活し、分割されていた三社はそれぞれ三菱日本重工業、三菱造船、新三菱重工業へと改称したあと、一九六四年に三社が合併して、三菱重工業という社名が甦《よみがえ》りました。

三菱重工業は、宮永社長の「防衛力強化の有識者会議」への参加について、東京新聞の取材に「当社としては利益誘導には当たらないと考えている」と回答し、自民党の政治資金団体に三年間で九九〇〇万円の政治献金を行ってきた理由については「企業の社会貢献の一環として重要性を有するとの経団連《日本経済団体連合会》の見解に賛同し、実施している」とコメントしました（二〇二四年三月五日付同紙記事）。

その社会貢献とは、一体どのような「理想」を前提としたものなのでしょうか？

先に引用した日経新聞としんぶん赤旗の記事にある通り、二〇二二年十二月の「防衛三文書の見直し」により、日本の防衛費（軍事費）は五年間で四三兆円に大きく増額することが決定し、三菱重工業の防衛省との契約額は、二〇二二年度の三六五二億円から、二〇二三年度は一兆六八〇三億円へと一年で四・六倍に激増しました。

また、この軍備拡張政策と並行して岸田内閣が閣議決定した「防衛装備移転三原則」の改正により、三菱重工業が共同開発に参加した戦闘機の「完成品」を第三国に輸出することが認められ、将来において「殺傷能力のある三菱重工業製のさまざまな兵器」を外国へと輸出する道が開かれたことになります。

そして自民党政権は「有識者会議」の提言を踏まえ、増大する一方の防衛費を国民全体に負担させるための増税も、将来的な選択肢として検討しています。

これが、三菱重工業の考える「社会貢献」なのでしょうか？

日中戦争勃発から五か月前の一九三七年二月二十日の衆議院予算委員会で、政友会の大口《おおぐち》喜六《きろく》議員は、軍事費の極端な増額（満洲事変の発生した一九三一年度と比較して、予算総額は倍加、陸海軍省費は三倍となり、そのための大増税も計画）に関する議論の中で次のように質問し、無定見な軍備増強がもたらす未来についての懸念を表明しました（以下会議録から引用、現代仮名遣いに直し、《　》内は引用者の補足）。

「今の軍需工業が、政府が希望するように、われわれも協賛してどんどん進みます。大体六年計画、六年間はどんどん金を投ぜられて、ますます大きな工場ができ、これに従事した人は金が儲かった。非常によろしいでありましょうが、六年後はどうなります？

六年計画が終わったと言って、ぴったりこれが止まったらどうなります？

大きな工場のつぶれるのができましょう。うんと儲けて、金を持っている者はよろしいが、多数の人は困る。今日金を持っている人といえども、そう儲かるものじゃないから、もっとやりたいという考えをもつでありましょう。

そういう時に、この《軍需》工業をやっている人はどういう感じが起こります？

ここがまず大事なところで――取り消せば後で取り消しますが、そろばんから言えば、戦争を希望する。戦争がいっぺんあれば、どんどん物《兵器などの軍需物資》が使われてしまって、消費されますから、すぐその工場は盛んになる、続けていけますから、戦争を希望するようになる。その心理が起こります。

そこまで考えなければならぬ、そういう時に一等困るのは誰です？　大多数の国民、農民、労働者などが一等困る。ここを考えてやらないで、軍需工業を盛んにすれば、工業ができるのであるから金が儲かる、景気がよくなる、そのうちに均霑《きんてん》する《平等に利益や恩恵を受ける》、そういう理論を考えておったら、それは一般俗論としてはよろしいでありましょうが、政治家とか、内閣をおやりになる方は、はなはだ私は不心得じゃないかと、失礼だが思うのです」

東京新聞は、二〇二四年九月五日から全六回で「防衛特需の裏で　43兆円の行方」と題した連載記事を掲載しましたが、九月七日付同紙の第三回では「兵器向け部品の値段『見積り高めでも通る』　防衛予算増額で受注業者の利益かさ上げ　『ばらまき』と指摘も」との見出しと共に、次のような言葉で現状の報告を行いました。

「防衛産業は今、防衛費増額を追い風に特需に沸いている。2023年度、防衛装備品の契約額トップの三菱重工は1・6兆円と前年比4・5倍増、ナンバー2の川崎重工も386億円と前年度から倍増した。防衛装備品には、部品メーカーまで含めると戦闘機で1100社、戦車で1300社、護衛艦で8300社が関わる。特需の恩恵は、川重のような『プライム企業』と呼ばれる大企業だけでなく下請け企業にまで及んでいる」

「自衛隊の戦車や航空機、潜水艦向けに部品を納めている関東地方のメーカー役員の男性は、『10年ほど前は自衛隊関連の仕事が少なくなって大変だった。防衛予算が増額されてから、見積もりが高めでも通るようになった』と話す。このメーカーの場合、同じような部品でも防衛装備向けは民間よりも高い単価で卸している。利益率は30％に達し、民間向けの倍以上のもうけがあるという」

「防衛装備品は市場価格が存在しない上に、下請けからの部品調達には防衛省側が介在しない。結果として、全体の価格がブラックボックスとなっている」

## 《軍備増強と戦争準備に再び関与し始めた大企業と新聞》

### 軍備増強の「有識者会議」に名を連ねる読売新聞と日経新聞の重役

二〇二二年十二月十六日に岸田内閣が閣議決定した「防衛三文書の見直し」に始まる大規模な軍拡政策に関連して、もう一つ気になるのは、それを推進する側の有識者会議への大手メディア企業関係者の関与です。

先に紹介した、二〇二四年二月十九日の「防衛力の抜本的強化に関する有識者会議」には、三菱重工業の宮永俊一会長やＮＴＴ（日本電信電話）の澤田純《さわだじゅん》会長と並んで、読売新聞グループ本社の山口寿一《やまぐちとしかず》社長が委員として参加していました。

翌二月二十日付のしんぶん赤旗に掲載された「強まる財界色　『読売』社長も　大軍拡推進の防衛省有識者会議」と題された記事によれば、山口社長は「メディアにも防衛力強化の必要性について理解が広がるようにする責任がある」と発言しました。

また、岸田内閣の「防衛三文書の見直し」は、二〇二二年十一月二十二日に「国力としての防衛力を総合的に考える有識者会議」と称する首相直属の諮問会議が提出した報告書の内容を色濃く反映したものでしたが、この会議にも、読売新聞グループ本社の山口寿一社長と日本経済新聞社の喜《き》多《た》恒雄《つねお》顧問が、委員として列席していました。

この有識者会議は、二〇二二年九月三十日に第一回の会合が内閣総理大臣官邸4階の大会議室で開かれ、その後十月二十日に第二回、十一月九日に第三回、十一月二十一日に第四回が、同じ場所で開催されました（時間はそれぞれ異なる）。公開されている第一回の議事録を見ると、日経新聞の喜多顧問は次のような発言をしていました。

「私は、民間の力を活用するということが不可欠だと思っています。防衛産業を育成する政策が必要になるのではないかと。長い間、日本は武器を輸出することを制約してきたということがあります。それが日本の防衛企業の成長を妨げてきたということがありますので、この制約をできる限り取り除いて、民間企業が防衛分野に積極的に投資するような環境をつくることが必要だと思っています」

「防衛力の強化というのは単年度の話ではなく、将来にわたって継続して取り組む課題だから、必要な財源を安定して確保していかなければならないと思っています。自分の国は自分で守るのですから、財源を安易に国債に頼るのではなくて、国民全体で負担するということが大変必要ではないかと思っています」

また、読売新聞の山口社長も、第二回の会議でこう述べていました。

「防衛力の抜本的強化につきましては、防衛大臣の御発言のとおり、スタンドオフミサイルを配備して反撃能力を保有すべきでありまして、無人機の導入、継戦能力の向上も進めて、戦える自衛隊へ変革していくことが急務と考えます」

これらを踏まえて、有識者会議が二〇二二年十一月二十二日に岸田首相へ提出した報告書には、「反撃能力（実質的には外国攻撃能力）の保有」と共に「防衛費の大幅増額」と「幅広い税目による国民負担（増税）」などが明記されていました。

## 日中戦争の勃発を「天佑（ビジネスチャンス）」と喜んだ小林一三

一九四五年の敗戦（連合国への無条件降伏を受諾したのが八月十四日、正式な降伏文書への調印は九月二日）へと至る大戦争の事実上の始まりは、一九三七年七月七日の夜に発生した「盧溝橋事件《ろこうきょう》」と呼ばれる銃撃戦と、それに続く「閣議決定」でした。

北平（北京）郊外の盧溝橋という橋に近い河原で夜間演習中の日本軍部隊が、何者かに銃撃されるという事件が起き、日本軍の死傷者はゼロでしたが、関連する形でいくつか銃撃戦が起きました。二日後の七月九日には、いったん現地で日中両軍の停戦が成立したものの、当時の近衛文麿《このえふみまろ》首相は七月十一日、この中国との武力紛争を政府が「北支事変」と呼称すること（支とは当時の大日本帝国が中国を呼び表した「支那」の略）、「自衛権の行使」という名目で日本軍部隊を増派することを閣議決定しました。

そして、近衛首相は同日夜、首相官邸に三つのグループを招いて懇談会を開き、中国で発生した紛糾を武力で解決するという政府方針への全面協力を依頼しました。この懇談会は、近衛首相と各省の閣僚に加え、風見《かざみ》書記官長、瀧《たき》法制局長官、斎藤警視総監、各省政務官、横溝情報委員会幹事長、河相《かわい》外務省情報部長、秦《はた》陸軍省新聞班長、野田海軍省軍事普及部長、そのほか各省の関係官が出席した、大がかりなものでした。

午後九時に招かれた一つ目のグループは、新聞通信社と放送局の代表で、東京朝日新聞社の緒方竹虎《おがたたけとら》主筆をはじめ、同盟通信社の社長や読売新聞社編集局長、東京日日新聞社総務、報知新聞社編集局長、国民新聞社編集局長、中外商業新報社社長、都新聞社主幹、東京放送局（日本放送協会＝現ＮＨＫの東京支部）常務理事ら約四〇人が出席しました。

当時の主要メディア企業のトップや幹部を前に、近衛首相は中国で起きた事変（紛争）に関する政府の方針を説明し、「挙国一致政府の方針に協力されたい」と要請しました。続いて杉山元陸軍大臣も「挙国一致の協力」を要望し、いくつかの意見交換がなされたあと、最後に岩永裕吉同盟通信社社長が一同を代表して「挙国一致政府の方針遂行に協力すべき」旨を述べて、同九時半に散会しました。

二番目に入ったグループは、貴族院と衆議院に所属する帝国議会（現在の国会）の議員たちで、彼らは政界を代表して近衛政権への全面協力を約束しました。

そして三番目のグループは、東京の財界（大企業）の代表者で、日本銀行、横浜正金銀行、日本興業銀行、日本勧業銀行、三井銀行、三菱銀行、安田銀行、住友銀行、第一銀行、朝鮮銀行、生命保険会社協会、東京株式取引所、帝国農会、船主協会、日本商工会議所、東京商工会議所、日本経済連盟会などの頭取や会長、重役たちが顔を揃えました。

そして、財界代表として串田万蔵《くしだまんぞう》（日本経済連盟会常任委員）が「我々も政府の方針に対し、挙国一致の協力を致すことをここに申し上げまして、政府の時局に善処せられんことを希望いたします」との挨拶を述べたあと、同十時半に散会しました。

これ以降、日本のメディア各社は敗戦まで横並びで一致団結して、政府と陸海軍の発表を忠実に広報拡散するだけでなく、自らも主体的に戦争を肯定する情報を発信し、受け手の国民を戦争協力や奉仕へと扇動する宣伝機関のような役目も果たし続けました。

当時の日本で『中央公論』と並び、月刊総合雑誌の一角を占めていた『文藝春秋』は、一九三七年八月十五日に発行された臨時増刊号で、阪急電鉄や宝塚歌劇団の創始者として知られる実業家の小林一三《こばやしいちぞう》の「天佑《てんゆう》なる哉《かな》北支事変」と題した原稿を掲載しました。

末尾に脱稿の日付が「七月二十八日」と記されたこの文は、盧溝橋事件からまだ三週間しか経っていない時期に、彼が中国との戦争の勃発を「天佑」、つまり「天のたすけ」と見なして歓迎していたことを示すものです。

「北支事変は正に天佑であると信じている。多年排日侮日冀察《きさつ》政権に対する中央の圧迫は、結局、日本が譲らざる限り、国策の大方針を一変せざる限り、おそかれ早かれその衝突は

免るこ とのできない運命であると覚悟をしていたのである」(p.120)

## 財界人(大企業経営者)の倫理観と戦争観

当時の日本で成功した多くの実業家と同様、小林一三も国策としての植民地獲得と民間事業の利益をシンクロさせる視点で、日本の大陸進出を肯定的に捉えていました。

そして小林はこの寄稿で、ビジネスマンの視点から、この中国との戦争が将来的に日本の経済に大きな利益をもたらすはずだという、自身の見立てを披露しました。

「北支に至っては天の配剤誠に妙を極めたるものと言うべしで、北支事変によって、初めてここに既得権が確立されるに至るならば、よしそれがために十億円、二十億円、臨時軍事費が消費せられるとしても、決して高い代償ではない。これによって直ちに平和的経済的提携とその進出というがごとき問題よりも、いわゆる広義国防の計画なるものが、初めて赫々たる太陽のもとに新しき認識によって編成せられ、国民が喜んで歓迎するところの財政案が生まれ得るものと信ずるからである」(p.121)

「私はあまりに空想に酔っているかもしれない。あるいはそうかもしれない。実行の前提に希望があり、希望の前提に空想があるのであるから、私は『天佑なる哉北支事変』と叫ばざるを得ないのである」（p．126）
　ちなみに、小林一三は三年後の一九四〇年七月二十二日に発足する第二次近衛内閣で、商工大臣を務めることになります。
　一九四一年十二月八日、日本軍が東南アジアの石油やゴムなどの天然資源を奪取する目的で、アメリカ、イギリス、オランダの植民地への軍事侵攻を開始すると、大日本帝国政府はこれらを自国の経済に組み込む方策を検討するため、一九四二年二月二十日に東條英機《とうじょうひでき》首相直属の「有識者会議」的な組織「大東亜建設審議会」を設置し、大企業経営者など三七人を委員に任命して、二月二十七日に第一回の総会を首相官邸で開催しました。
　この大東亜建設審議会は、同年七月二十三日までに計五回の総会を開きましたが、完全に閉ざされた密室で財界人が語った言葉は、次のようなものでした（NHK取材班『日本人はなぜ戦争へと向かったのか 戦中編』NHK出版より引用）。
「極端に言いますれば、向こう《植民地》から取ってきた資源は、対価を払わなくてもよろしい。タダで取る」（満洲重工業総裁・鮎川義介）
「日本を中心として搾取していかねばならぬということは、ごもっともな意見ではありますが、そこは公明正大にカムフラージュすべきかと」（鐘淵紡績社長・津田信吾）

その後、敗戦で壊滅状態となった日本国内の経済は、一九五〇年に勃発した朝鮮戦争に伴う「朝鮮特需」、すなわち朝鮮半島で戦うアメリカ軍が必要とする軍需物資の大量受注が大きなきっかけとなって回復しましたが、それでも殺傷力のある兵器の生産などは行われておらず、日本国憲法の理念の一つである平和主義は貫かれていました。

しかし、小林一三は日本全土がアメリカ軍の空襲で焼かれ、日本経済も大打撃を被ってから五年しか経過していないにもかかわらず、その惨状へと繋がる戦争（日中戦争）の始まりを「天佑」と喜んだ自らの行いを反省せず、「朝鮮特需」によって企業が利益を受けているとの理由で、朝鮮半島で多くの人々に死と苦しみをもたらした朝鮮戦争の勃発を喜ぶかのような内容を日記に記していました。

「舞鶴《まいづる》、横須賀《よこすか》、タマ、その他二、三ケ所のドックは全部は米軍に徴用サレタトの事、軍服五十万着を初めとしてＤＤＴの虫除薬に至るまで、種々雑多の軍需注文が日本の各方面に供給準備が命ぜられて、我国としては好材料にホクホクの体である。恐らく十億ドルのお金が這入《はい》る」（一九五〇年七月二十三日）

「ここ一ケ年間位の間は、国際連合軍に対する、殊にその九割強を引受けている米軍の下受仕事によって、いそがしくなり、相当のうるおいも受けるので、日本としては好景気を

期待し得ると思う」（一九五〇年七月二十八日）

「今日は終戦五ケ年の記念日だ。五ケ年前の今月今日を回顧し、今、朝鮮戦争に当面して、我国再生の前途を考えると誠に幸運に恵まれた日本国であることを痛感する。戦前ならば、天祐だ、皇国の神威八紘《はっこう》に普《あま》ねしと言うところであろう」（一九五〇年八月十五日）

このように、戦争という多くの人を不幸にする人災が起きた時、自分のビジネス＝金儲けに繋がると思えば、強欲で冷酷な態度をとれる財界人（大企業経営者）が日本にも少なからず存在したことを、歴史は我々に教えています。

## 日本の「ものづくり」は創造でなく破壊にシフトするのか

日本はかつて、「ものづくり大国」という考え方を国是としていました。

そこで言う「もの」とは、暗黙のうちに「兵器などの破壊や殺傷に用いられる道具」以外という了解がなされ、戦争や軍備増強、兵器輸出をビジネスの営利事業と見なす風潮が公然と語られることはありませんでした。

けれども、この一二年間の自民党政権下で、日本の財界人は、こうした「たしなみ」を捨て去り、金儲けのためなら軍備増強や兵器輸出を歓迎する風潮になったようです。

二〇二四年二月二十二日、日経平均株価はバブル期の一九八九年大納会でつけた三万八九一五円を超える史上最高値の三万九〇九八円を記録し、その後も最高値を更新し続けて、七月十一日の終値は四万二二二四円となりました。

同年八月六日には、三菱重工業がX（旧ツイッター）の公式アカウントで二〇二四年度第1四半期の決算実績を速報し、各種グラフの画像と共に「受注高・売上収益・当期利益過去最高」と誇らしげに伝えました。

大手メディアが日経平均の株価上昇について報じる際、先に述べたような軍事関連分野への巨額投資や各種兵器の受注という説明がなされることはほとんどありません。日本国民の多くは、株価が上がっているのは「日本企業がそれぞれ頑張っているからだ」と単純に考え、肯定的に捉えているからです。

けれども、その内実が、第二次安倍政権から続く円安政策（超低金利政策、当時の日銀総裁・黒田《くろだ》東彦《はるひこ》の名を取って「黒田バズーカ」と呼ばれる）による輸出企業の業績好調などに加えて、岸田政権の大規模な軍備拡張政策が引き起こした人為的な株高であるなら、日本政府はこの株高を維持するために、今後も大量の兵器発注や巨額の投資を、三菱重工業などの軍事産業に行い続けることを強いられます。

これが健全な経済的繁栄と言えるでしょうか？

## 《自民党政権下で大きく歪められた「自衛」の概念》

### 戦後の日本国憲法下での「自衛行動」と「集団的自衛権」

日本国憲法の第9条は、「戦争という問題解決手段の否定」を明文化したもので、多くの命と暮らしを失わせる未曽有の惨禍を国の内外にもたらしたアジア太平洋戦争の反省から、戦争経験者とその子や孫の世代が継承してきました。

「第9条　日本国民は、正義と秩序を基調とする国際平和を誠実に希求し、国権の発動たる戦争と、武力による威嚇又は武力の行使は、国際紛争を解決する手段としては、永久にこれを放棄する。

2　前項の目的を達するため、陸海空軍その他の戦力は、これを保持しない。国の交戦権は、これを認めない。」

この条文の内容については、意図的な曲解も含め、いくつかの誤解が日本社会で広まっていますが、一部の人間が悪意で広めているような「自国の防衛を放棄するという主旨」ではないとの解釈が、これまでの日本政府の方針でした。

例えば、一九五三年八月五日の衆議院外務委員会において、下田《しもだ》武三《たけぞう》外務省条約局長は次のような答弁を行い、憲法解釈における「自衛行動」と「自衛のための戦争」の違いや条文に記された「交戦権」の意味を、次のように説明しました。

「国家の自衛権を憲法は禁止しておりませんから、自衛行動はとれると思います。ところが自衛のための戦争となりますと、これは別のことでございまして、戦争であれば敵の領土まで行って爆撃してもいいわけであります。ところがそれは自衛行動とは別であって、交戦権が認められて初めて敵の領土奥深く入って敵の首都を爆撃するという権利が発生するわけであります。そういう交戦権というものは認めていないのでありますから、国際法上の戦争と関連して初めて認められる権利は私は行使し得ない、戦争に至らざる自衛行動ならなし得る、そう考えております」

これに関連して、他国が武力攻撃を受けた場合に、攻撃を受けていない日本が共同防衛のために実力を行使するという「集団的自衛権（ライト・オブ・コレクティブ・セルフ・ディフェンス）」については、日本も加盟する国連（国際連合、ただし原語に近い訳語は「連合国」）憲章の第51条で認められているものの、第二次安倍政権より前の歴代政権は「憲法に違反する」という解釈をとり続けてきました。

例えば、一九六九年二月十九日、衆議院予算委員会において、高辻正巳《たかつじまさみ》内閣法制局長官は、以下のような文言で、政府の解釈を述べました。

「集団的自衛権というものは、国連憲章51条によって各国に認められておるわけでございますけれども、日本の憲法9条のもとではたしてそういうものが許されるかどうか、これはかなり重大な問題だと思っております。われわれがいままで考えておりますことから申しますと……他国の安全のために、たとえその他国がわが国と連帯関係にあるというようなことがいわれるにいたしましても、他国の安全のためにわが国が兵力を用いるということは、これはとうてい憲法9条の許すところではあるまいというのが、われわれの考え方でございます」

**歴代内閣が「憲法違反」とした集団的自衛権を行使可能にした安倍政権**

しかし、第二次安倍政権下の二〇一五年九月十九日、参院で安全保障関連法案（平和安全法制）が可決され、九月三十日の公布により、戦後の歴代内閣が「憲法違反」としてきた集団的自衛権の行使が可能となりました。

これに先立ち、当時野党だった自民党総裁の安倍晋三は、二〇一二年十月三十一日の衆議院本会議の代表質問で「集団的自衛権の行使を可能とすることによって、日米同盟は、より対等となり、強化される」と述べ、憲法解釈の見直しを主張していました。

その後、同年十二月二十六日に第二次安倍内閣が発足すると、安倍首相は二〇一三年一月十三日に放送されたNHKのテレビ番組において、「集団的自衛権行使の(憲法解釈)見直しは安倍政権の大きな方針の一つ」だと述べ、自衛隊とアメリカ軍の軍事的協力に関する政府方針の大転換に着手しました。

その結果、先に挙げた「防衛装備移転三原則」という閣議決定(二〇一四年四月一日)から三か月後の二〇一四年七月一日、集団的自衛権の行使容認を重要な柱とする憲法解釈変更の閣議決定を行いました。「国の存立を全うし、国民を守るための切れ目のない安全保障法制の整備について」と題された閣議決定において、安倍首相は集団的自衛権の行使を可能とする憲法解釈の変更について、次のように説明しました。

「現在の安全保障環境に照らして慎重に検討した結果、我が国に対する武力攻撃が発生した場合のみならず、我が国と密接な関係にある他国に対する武力攻撃が発生し、これにより我が国の存立が脅かされ、国民の生命、自由及び幸福追求の権利が根底から覆される明白な危険がある場合において、これを排除し、我が国の存立を全うし、国民を守るために他に適当な手段がないときに、必要最小限度の実力を行使することは、従来の政府見解の基本的な論理に基づく自衛のための措置として、憲法上許容されると考えるべきであると判断するに至った」

この閣議決定に基づいて国会審議がなされ、二〇一五年九月の安全保障関連法案の可決成立に至りましたが、国内では「安倍首相の進める安保法制は、外国の戦争への日本の参戦に道を開くもので憲法違反だ」とする大規模な反対運動が湧き起こりました。

法案成立前の八月三十日には、国会議事堂前の道路を数万人（主催者の発表では一二万人）の市民が埋め尽くす大規模な反対デモが行われましたが、イギリスの公共放送ＢＢＣは翌八月三十一日、このデモと安保関連法案について、以下のように報じました。

「自衛隊の海外派遣拡大を認める同法案が成立すると、第２次世界大戦後初めて、日本の部隊による戦闘行為への参加が容認されることになる。軍事法案ともいえる安保関連法案はすでに衆院を通過しており、参院も通過する見通し。日本は憲法上、自衛を除いて紛争解決の手段としての武力行使を禁じられている。しかし閣議決定された憲法解釈の変更とそれに基づく法案が可決されることによって、攻撃された同盟国を守るための武力行使、つまり『集団的自衛権』の行使が認められるようになる」

## 集団的自衛権の行使容認で、必然的に変化した自衛隊の立ち位置

第二次安倍政権下で行われた「集団的自衛権の行使容認」という憲法解釈の重大な転換は、必然的に、自衛隊という組織の立ち位置や今後の行動範囲についても、根底から一変させる効果をもたらしました。

それまでは、日本が直接外国から攻撃を受けた場合にのみこれを実力で排除するという「個別的自衛権」が自衛隊に認められており、自衛隊と防衛省の活動内容と基本方針を国民向けに広報する出版物『防衛白書』においても、二〇一三年版までは毎回、次のような言葉で明確に「憲法違反」であると明記してきました。

「国際法上、国家は、集団的自衛権、すなわち、自国と密接な関係にある外国に対する武力攻撃を、自国が直接攻撃されていないにもかかわらず、実力をもって阻止する権利を有するとされている。わが国は、主権国家である以上、国際法上、当然に集団的自衛権を有しているが、これを行使して、わが国が直接攻撃されていないにもかかわらず他国に加え

られた武力攻撃を実力で阻止することは、憲法第9条のもとで許容される実力の行使の範囲を超えるものであり、許されないと考えている」

しかし、同書の二〇一四年版以降では、この文言が消え、最新版の二〇二四年版では以下の文章と置き換わっています。

「2014年7月1日の閣議決定『国の存立を全うし、国民を守るための切れ目のない安全保障法制の整備について』において、次の3つの要件（「武力の行使」の三要件）を満たす場合には、自衛の措置として、武力の行使が憲法上許容されるべきであると判断するに至った。

①わが国に対する武力攻撃が発生したこと、またはわが国と密接な関係にある他国に対する武力攻撃が発生し、これによりわが国の存立が脅かされ、国民の生命、自由および幸福追求の権利が根底から覆される明白な危険があること
②これを排除し、わが国の存立を全うし、国民を守るために他に適当な手段がないこと
③必要最小限度の実力を行使すること」

字面だけ見ると、特に何か問題があるようには見えない「書き方」がされていますが、論理的に読み込むと、たとえ日本から遠く離れた場所で発生した戦争や紛争であったとし

ても、政府が「わが国の存立が脅かされた」と判断すれば、自衛隊が実弾を装備して出動し、敵と見なす相手に発砲して戦闘状態に入ることが可能になったことがわかります。

## 《空文化した憲法第9条と「日本軍」に回帰する自衛隊》

### 米ニューヨーク・タイムズ紙が指摘した日本の平和主義の危機

米紙ニューヨーク・タイムズは、安保法制をめぐる市民デモが日本国内で盛り上がった二〇一五年七月二十日、同紙のエディトリアル・ボード（編集会議）の名で「平和主義と格闘している日本（Japan Wrestles With Its Pacifism）」と題した記事を公開しました。

同紙はその中で、安倍政権がそれまで憲法で禁じられているとされてきた集団的自衛権の行使を可能にしたこと、しかも「通常であれば」国会両院の三分の二以上の賛成に基づく国民投票での憲法改正が必要なのに、国民投票を必要としない国会での法案成立でそれを実現した事実を指摘した上で、この政策転換が日本社会にもたらした大きなインパクトについて、客観的な視点で次のように解説しました。

「安倍首相の戦術は彼の独創ではない。歴代の政権も、憲法の単純な『再解釈』を選んできた。だが今回の場合、提起された変更は戦後日本の憲章《集団の目標や主義などを記したもの》の核心に関わるもので、プロセスを省略するにはあまりに重大なことだった。批判者には、日本の憲法学者の大半が含まれ、学者や芸術家、ノーベル賞受賞者を含む約一万人が新法に反対する嘆願書に署名し、数万人がデモに参加した。有権者への世論調査によれば、この法案に反対する者と賛成する者の割合は、二対一と示された。

安倍首相は、日本の右翼国家主義者（Japan's right-wing nationalists）への彼のアピールや、日本が戦時中に行った侵略行為と日本政府および軍が行った残虐行為について彼が認めず反省もしていないのではないかとの疑念から、すでに日本国内および近隣地域の多くの人々から疑いの目を向けられている。現在懸念されているのは、彼が長らく平和主義を標榜してきた国を、戦争へと導くのではないかということだ」

同紙が後段で指摘した懸念は、日本の大手メディアが言及を避けている点ですが、欧米のジャーナリズムは第二次安倍政権の発足当初から、大日本帝国と国家神道の精神文化、日本軍が行った数々の戦争などを礼賛・肯定する政治団体「日本会議」と安倍晋三の親密な繋がりを報じていました。

例えば、イギリスの高級週刊紙エコノミストは、第二次安倍政権発足から一〇日後の二〇一三年一月五日、「未来への回帰（Back to the Future）」というタイトルの記事を公開し、安倍政権と日本会議の関係について次のように説明しました。

「安倍内閣の閣僚一九人の顔ぶれは、（彼が）いつまでもおとなしくしているつもりはないということを示している。（略）一三人は、日本の『伝統的価値観』への回帰を提唱し、戦争中の日本の犯罪的行為に対する『謝罪外交（apology diplomacy）』を拒絶する、国家主義者のシンクタンク『日本会議』を支持している《正確には『日本会議国会議員懇談会』に所属》。

九人は、軍国主義時代の日本を美化した歴史を学校で教えるよう求める議員連盟（日本の前途と歴史教育を考える議員の会）に所属している。彼らは、日本が戦争中に犯した残虐行為のほとんどを否認する」

「この新政権を『保守的』と評したのでは、本当の性質を捉えることは難しくなる。これは、過激な国家主義者の政権である」

そして二〇二三年には、米タイム誌がアジア・エディション（アジア地域版）の五月二十二日／二十九日号の表紙に岸田首相の顔写真と「日本の選択：岸田文雄首相は、数十年に及ぶ平和主義を捨て去り、彼の国を本物の軍事大国（True Military Power）にすることを望んでいる」という文言を掲載しました。

## 旧日本軍の「近衛兵の精神の継承」を誇示する自衛隊の部隊

第二次安倍政権から岸田政権に繋がる軍備拡張と、自衛隊の武力組織としての活動範囲の拡大は、防衛省や自衛隊の組織内文化にも大きな影響を及ぼしているようです。

二〇二四年四月五日、陸上自衛隊第32普通科連隊がX公式アカウントで「大東亜戦争最大の激戦地硫黄島において」と、先の戦争の大日本帝国時代の呼称である「大東亜戦争」という言葉を用いて、激しい批判を浴びました（四月八日に削除）。

この言葉は、先の戦争を「東南アジアの各植民地を米英およびオランダから解放する正義の戦い」との大義で正当化する政治的意図を込めて、当時の東條英機内閣が用いた正式呼称であり、現代の日本社会で留保無しに「大東亜戦争」という呼称を用いる行為は、大日本帝国時代に日本軍が行ったこの戦争を肯定する行為だと見なされるからです。

第32普通科連隊は、埼玉県さいたま市の大宮駐屯地に駐屯する部隊で、第1師団を構成する三個普通科（英語表記ではInfantry＝歩兵）連隊の一つです。部隊の創設は、一九六二年一月十八日で（当初の駐屯地は東京の市ヶ谷）、大日本帝国時代の日本軍部隊との繋がりはありませんが、同連隊はXの公式アカウントのプロフィール欄で「近衛兵の精神を受け継いだ部隊として」と表記したり、同連隊の所属隊員が銃剣道大会や拳法大会などに参加する際には「近衛道」や「近衛魂」と記した旗を会場に掲げたりしています。

第32普通科連隊は、二〇二三年十月十一日のXへの投稿で、第32連隊がなぜ「近衛連隊」なのかという質問に対する答えとして、「我々は、『近衛兵の「精神」を受け継ぐ全国諸兵の模範』として日々誇り高く訓練に邁進《まいしん》しております」と書いていました。添付画像の一つには、「明治以降、旧軍の近衛歩兵聯隊《れんたい》が市ヶ谷周辺に配置されていたこともあり、『近衛兵の精神を受け継ぐ連隊』として伝統を継承」との文言が入っています。

また、同年三月七日のXへの投稿では、同連隊のシンボルマークについて「32連隊は近衛連隊といわれており、中央のナイト《騎士》のマークは天皇陛下をお護りする近衛兵を表し、近衛の精神を受け継ぐ我が連隊の隊員を表しています」「下部の紋章は、皇居の二重橋を模《かたど》ったものです」と説明していました。

第32普通科連隊のX公式アカウントのトップ画像にも、「近衛兵の精神」「近衛兵は常に輦《れんか》下を護衛し」との文言がありますが、輦とは「天皇の乗り物」のことです。

自衛隊は、大日本帝国時代の陸海軍を継承する軍隊ではなく、日本国憲法下で新しく誕生した組織であり、旧軍の精神文化は継承していないというのが、陸上自衛隊の「建前」でした。しかし、第32普通科連隊がある種の高揚感と共に、機会あるごとに誇示する「近衛兵の精神の継承」という概念は、大日本帝国時代の陸海軍を否定した日本国憲法の理念とはまったく相容れないものです。

なぜなら、旧日本陸軍の近衛兵が護る対象としたのは、大日本帝国のトップである天皇であり、一般国民ではなかったからです。

明治時代に大日本帝国陸軍の最初の部隊として創設されたのが、天皇警護の「御親兵」であり、近衛部隊はその後継組織でした。日本国の主権者である国民を護る義務を負うはずの自衛隊の部隊が、「常に輦下を護衛し」て天皇を護る「近衛兵の精神」の継承を公然と誇るのは、明らかに日本国憲法に抵触する行為です。

### 自衛隊の「日本軍化」は隊員にとって望ましい状況なのか

一九五四年七月一日の組織発足以来、自衛隊という組織は、日本国内できわめて曖昧な立場に置かれてきました。

自衛隊は、戦車や戦闘機、火砲やそれを搭載した戦闘艦などを保有しているにもかかわらず、「自国防衛のための実力組織ではあるが、陸海空軍に該当する軍隊ではない」という憲法解釈により、憲法第9条の2項に記された「前項の目的を達するため、陸海空軍その他の戦力は、これを保持しない」との文言に反しないとの説明がなされてきました。

兵器の射程や航続距離などの問題で「外国領土を攻撃できない」という過去の状態であれば、対外戦争や武力による威嚇という目的を達せられないので「そのための陸海空軍その他の戦力」ではない、という主張がかろうじて成立する余地があったからです。

しかし、二〇一四年に安倍内閣が閣議決定した「集団的自衛権の行使容認」と、二〇二二年十二月に岸田内閣が閣議決定した「反撃能力（他国攻撃能力）の保有」によって、自衛隊は実質的に、憲法第9条の枠を大きくはみ出した「軍隊」へと変化しました。

このような組織形態の根本的な変化は、組織を構成する自衛隊員の心理にも大きな影響を及ぼしているようです。それまで一定の抑制が効いていた、自衛隊員の旧日本軍への憧憬や回帰願望が、あちこちで公然と表明されるようになりました。

二〇二四年六月には、沖縄に駐屯する陸上自衛隊第15旅団の公式サイトに、一九四五年の沖縄戦で住民を巻き込む形で持久戦を展開し自決した第32軍司令官・牛島満《うしじまみつる》大将の「辞世の句」を掲載していることが判明し、地元県民からの批判が高まりました。

沖縄では、一九四五年の沖縄戦を生き延びた県民の実体験に基づいて、「軍は市民を守らない」との認識が世代を超えて語り継がれてきました。現代の自衛隊がその「精神」を継承しているなら、彼らが地元住民ではなく東京の中央政府を守るために持久戦を展開して、沖縄はまた「捨て石」にされるのではないかとの懸念が生じても仕方ありません。

二〇二四年一月九日には、陸上自衛隊の陸将をはじめ二二人の自衛隊幹部が集団で靖国神社を参拝し、同年四月一日には自衛艦隊の司令部幕僚長などを歴任した元海上自衛隊の大塚海夫《おおつかうみお》海将が、靖国神社の宮司《ぐうじ》（神社を代表する責任者）に就任しました。

軍と宗教の結びつきは、大日本帝国時代の「国家神道」と呼ばれる宗教的政治思想で根幹を成した精神文化であり、先の戦争では「戦死した軍人の魂は九段の靖国に還《かえ》る」との解釈により、日本軍は兵士の生還を前提としない、人命軽視の作戦を命令できました。

自衛隊員が旧日本軍への憧憬や回帰願望を強める理由として、自民党政権下での自衛隊の役割変化により、隊員の命の危険が以前より飛躍的に高まった事実が考えられます。

隊員が、自らの命を懸けざるを得ないような苛酷な任務、とりわけ実弾が飛び交う「実戦」で士気を保ち続けるためには、何らかの「心の拠り所」が必要になりますが、旧日本軍はそうした「心の拠り所」となる精神文化が豊富に揃った「先輩」のような存在です。先に挙げた「近衛兵の精神」もその一例で、自分は崇高な職務に身命を賭しているという精神的な高揚感に浸ることで、迷いや恐怖を思考から一掃することができます。

これらが示す通り、日本が次の戦争の当事国となる準備は、ほぼ整ったと言えます。今は、どこかでその「きっかけ」となる出来事が起きるのを待つばかりの状況です。例えば、東シナ海や南シナ海で米中両軍の偶発的な軍事衝突が起きた時、たとえ現実には日本の安全を直接脅かさない状況でも、日米両国政府が「日本の存立危機である」と合意すれば、実弾を装填した自衛隊がそこに「参戦」する可能性があります。

そうなれば何が変わるか。

憲法第9条は「自衛隊員の命を脅かす」として慌ただしく条文を変更され、自衛隊員に死者が出れば「国を守るために命を捧げた英霊」として靖国神社に祀られることになるでしょう。また、「国防という公務で殉職した隊員を政府が弔わなくていいのか」との論調が国会で作り出され、法改正により首相や閣僚の靖国参拝が合法化するでしょう。

そして、戦時体制を強化するための防衛費(軍事費)は天井知らずで増大し、三菱重工業などの大企業に大量の兵器や軍需物資が発注され、「自分の国を守るのは国民全体の義務」という名目で、その予算を増税で賄う法案が慌ただしく成立するでしょう。

昭和初期の日本国民は、大正期には存在した「個人としての主体性」を捨て、政府や軍部の掲げる大義に従順に従い続けました。日中戦争の勃発後、国民生活のレベルは急速に悪化し、戦争末期には食糧不足が深刻化しましたが、それでも多くの国民は政府や軍部の失敗を批判せず、我慢と工夫で状況に適応し続け、敗戦まで政府に隷従《れいじゅう》しました。

二〇一二年十二月の第二次安倍政権発足以降、国内では「日本は戦争ができる国になりつつある」との文言がしばしば語られてきました。首相が安倍から菅、岸田へと交代しても、この大きな流れは変わらず、アメリカ政府やアメリカ軍の戦略ともリンクする形で、日本国内の諸制度は急速に「戦争ができる国」に最適化した形へと造り替えられました。

この「戦争ができる国」は、軍事費の増大と軍備の増強、政界・財界・メディア業界による「挙国一致」の戦争支持、主要メディアの政府追従宣伝、そして政府に対して疑問を抱かず従順に従い続ける国民という、四つの要素が揃った時に完成します。

戦後の日本国が堅持してきた「平和国家」という国是は、二〇一二年から一二年続いた自民党政権下で、完全に底が抜けた状態になってしまったようです。

けれども、「平和国家の底が抜けた状態」とは何を意味するのか。その重大さを、日本の国民は正しく認識できているでしょうか？

第二章

# 倫理の底が抜け、悪人が処罰されなくなった日本社会

## 《戦後政治史で空前の自民党「大量裏金脱税」事件》

### 政治資金パーティーを利用した自民党国会議員の「裏金」づくり

二〇二三年から二四年にかけて、日本の政界と社会を大きく揺るがしたのが、自民党所属の多くの国会議員が関与を疑われた組織的・常習的な「大量裏金脱税」事件でした。

問題が発覚したきっかけは、しんぶん赤旗日曜版が二〇二二年十一月六日号で報じた、「パー券収入　脱法的隠ぺい／2500万円分　不記載／岸田派など主要5派閥」という記事でした。岸田首相の岸田派（宏池政策研究会）を含む自民党の五つの派閥が、二〇万円超の政治資金パーティー券を購入した大口購入者の名前を政治資金収支報告書に記載せず、長年にわたって隠ぺいを図り、政治資金規正法違反の疑いがあると指摘しました。

この記事にコメントした上脇博之《かみわきひろし》神戸学院大学教授は、独自に調査を行った上で、自民党の各派閥による政治資金規正法違反（不記載・虚偽記入）の容疑で、複数の告発状を東京地方検察庁に提出しました。このうち、二〇二三年十月に提出された告発状の内容を、まず読売新聞が同年十一月二日に報じ、十一月十八日にＮＨＫが報道したことで広く世に知れ渡ることになり、東京地検特捜部も任意で事情聴取を進めました。

同年十一月二十五日付の東京新聞記事によれば、「自民党の各派閥は、年1回政治資金パーティーを開くのが通例で、1枚2万円が相場とされるパーティー券を団体や企業などに販売することが最大の収入源」でした。そして、派閥の所属議員には、当選回数や閣僚経験に応じて「販売ノルマ」が割り当てられ、それ以上の券を売ると、超過分はその議員個人の収入（裏金）として「キックバック」される形となっていました。

政治資金規正法では、一回のパーティーにつき二〇万円を超える購入者の氏名や金額を収支報告書に記載することを義務づけていますが、実際には二〇万円超の購入があっても二〇万円以下の小口に分けていれば、収支報告書に記載されない「裏金」として議員の懐に入る仕組みでした。この時点で、自民党が二〇一八年から二〇二二年分の収支報告書で過少記載（不記載）した収入の合計は、四一六八万円にのぼるとされていました。

二〇二三年十二月に入ると、朝日新聞や毎日新聞、ＮＨＫなども新たなパーティー券の収入不記載の事実を報じ、直近五年間で一〇〇〇万円を超える「裏金のキックバック」を受けた松野《まつの》博一《ひろかず》官房長官をはじめ、多くの自民党議員が数千万円規模の「裏金」を得ていた事実が明らかになりました。

パーティー券を利用した「裏金のキックバック」は、派閥からの還付方式と議員が各自でプールする留保方式の二種類で行われ、二〇一八年から二〇二二年に作り出された「裏金」の総額は、確認されただけで六億七六五四万円という巨額に膨れ上がりました。

## 「政党交付金」・「企業献金」・「パーティー券収入」の三重取り

政治資金規正法は、日本がまだGHQ（連合国の日本統治当局）の占領統治下にあった一九四八年六月三十日に成立し、同年七月二十九日に施行された法律でした。

同法の目的は、政治腐敗の防止でしたが、寄附（献金）に関する制限がなく、田中角栄首相に関わる金脈問題（不正な蓄財の疑いなどで田中は一九七四年十二月九日に内閣総辞職）を機に抜本的な改正の必要性が議論され、後継者の三木武夫内閣下で、献金の上限や献金者名の公表義務などを盛り込んだ改正案が、一九七五年七月四日に成立しました。

しかし、この改正案にもいくつか抜け道が存在し、資金の受け皿となる政治団体を一人の政治家が複数持つことができたり、政治資金パーティー券の購入で献金と同様の効果を生じさせたりすることで、政治家と特定勢力の癒着という問題は温存されました。

その後、一九九四年一月二十九日に細川護熙《ほそかわもりひろ》政権（非自民の連立政権）下で「政党助成法」が成立（同年二月四日公布、一九九五年一月一日施行）し、企業や労働組合などの団体から政党と政治団体への献金が制限され、「政党交付金（政党助成金）」と呼ばれる公金が、要件を満たした政党に、議員数と得票数に応じて交付されることとなりました。

自民党は、二〇二三年に約一五九億円の政党交付金を受領しましたが、党組織ぐるみでの「裏金」が発覚した後も、支給停止や減額の規定は特に無いため、二〇二四年には約一六一億円の政党交付金を、何事もなかったかのように受け取りました。

政党助成法の成立から五年後の一九九九年十二月十五日、政治家個人や資金管理団体への企業・団体献金を禁じる「政治資金規正法の一部を改正する法律案」が参議院で可決成立しました。しかし、政党や政党支部には引き続き企業・団体献金が認められ、政治資金パーティーという形式での事実上の寄附集めも可能な状態が続きました。

その結果、政党として最も多くの「政党交付金」と「企業献金」を得る自民党は、企業などからの多額の「パーティー券収入」をさらに受け取るという、政治にまつわる金銭の「三重取り」をほしいままにすることが可能になっています。

また、「裏金」問題に関する国会審議では、自民党の幹部らが、政治資金の公開基準が緩い自らの「後援会」に、自身の資金管理団体から「寄附」するという形式で、最終的な使途を隠ぺいする手法も明らかになりました。

例えば、茂木《もてぎ》敏充《としみつ》幹事長の場合、二〇一三年から二〇二二年までの一〇年間で、自身の資金管理団体から後援会組織に約三億二〇〇〇万円を「寄附」しましたが、後援会の場合は資金管理団体や政党支部とは異なり、経常経費や支出の明細の公開は義務づけられておらず、ただ「支出の総額」が政治資金収支報告書に記載されるだけでした。

## 実質的に骨抜き状態のまま可決された「政治資金規正法改正案」

二〇二四年六月十九日、自民党が提出した「改正政治資金規正法」が、参議院本会議で自民党と公明党の賛成多数により、可決・成立しました。

その主な内容は、国会議員に収支報告書の「確認書」交付を義務づけると共に、政治資金パーティー券購入者の公開基準額を、現行の「二〇万円超」から「五万円超」に引き下げることなどでしたが、野党側が求めた企業・団体献金の禁止は含まれず、「裏金」問題の再発防止や透明性の向上にはほど遠い「改正案」でした。

しかも、改正案の多くは二〇二六年一月の施行で、パーティー券の公開基準引き下げは二〇二七年一月施行という、緊張感に欠けた体裁でした。また、政党が自党の幹部らに渡す「政策活動費」については、大まかな項目ごとに月単位で収支報告書に記載し、領収書は一〇年後に公開するとされましたが、政治資金規正法や所得税法違反の時効は五年で、公開された後で不正と判明しても罪に問えないという有様でした。

ある野党議員は、感熱紙タイプの領収書は一〇年後には文字が消えて判別不能になるのではないかと、重要な問題点を指摘しました。

しかし岸田首相は、法案成立後に首相官邸で記者団の取材に応じ、「再発防止や透明性の向上の観点から実効性のある制度となった、大きな一歩だ」と自画自賛し、野党側が提示した「法案の欠陥」についてはすべて無視する姿勢をとり続けました。

先に触れた「政策活動費」は、二〇二二年の自民党本部の政治資金収支報告書では、党の幹部ら一五人に計一四億円が配られたと記載されています。けれども、岸田首相や自民党の幹部は、その使途について問われても「党に代わって党勢拡大や政策立案、調査研究を行うため」としか説明しておらず、実際にどんな目的で誰に支払われたのかという詳細は、国民に説明する義務が法的に課せられていません。

実際、自民党の組織的な「裏金」問題が発覚したあと、虚偽記入や不記載を指摘された各議員の事務所は、異口同音に「政策活動費と認識していたので、収支報告書には記載しなかった」との言い訳を述べ、不正行為の意図はなかったと弁明しました。

二〇二三年十二月二十日付の東京新聞記事によれば、二〇一三年から二〇二二年までの自民党の「政策活動費」の年間平均額は一四億三八〇〇万円で、衆院選のあった二〇一七年は約一九億円、二〇二一年は約一七億円と、年平均より多くなっていました。

こうした事実から、自民党は「政策活動費」名目で不透明な選挙活動資金を拠出しているのではないかとの疑念を持たれましたが、問題を管轄する総務省政治資金課は「個々の団体や（政策活動費の）中味について把握する立場になく、事実関係の調査権限もない」として、金銭の流れがグレーな状態を放置する態度をとり続けています。

改正法の付則では、「政策活動費」の不透明さに対する批判を和らげるためか、使途を監査する第三者機関の設置が盛り込まれましたが、「政策活動費」に関する法律上の規制は依然として存在せず、第三者機関設置も単に「検討」という文言でした。

自身の資金管理団体から後援会組織への「寄附」問題については、年に一〇〇〇万円以上の寄附を受けた場合、その年と翌年は一件一万円超の支出明細を収支報告書に記載することなどが、改正法で義務化されました。ただし、複数の後援会に分散して寄附し、個々の後援会への寄附金を一〇〇〇万円未満にすれば、引き続き明細を収支報告書で公開しなくて済むというお粗末な「抜け穴」が、改正法にも残されていました。

## 《なぜか「ほぼ不起訴」の日本の検察と「追徴課税しない」国税庁》

### 法的根拠が不明な「三五〇〇万円未満なら不起訴」という検察の判断

このような政権与党の組織的で巨額の「裏金」問題が発覚すれば、普通の国なら政府は国民とジャーナリズムからの激しい批判に直面し、トップの引責辞任は免れず、政権の存続は不可能になるでしょう。

そして、もし腐敗した権力者がなおも政権の座に居座ろうとすれば、何十万人、あるいは一〇〇万人規模の退陣要求デモが首都で発生するでしょう。

ところが、今の日本ではそうはなっていません。

まるで、「政治倫理の底」が完全に抜けたかのように、自民党総裁の岸田文雄は（二〇二四年十月一日まで）首相の座に留まり、自民党は政権与党として立法府（国会）を牛耳《ぎゅうじ》り、ほとんどの裏金議員は起訴もされずに高額の歳費を税金から支給されて、のうのうと国会議員で居続けています。

二〇二三年十二月十九日、東京地検特捜部は、自民党の安倍派と二階派の家宅捜索に着手しましたが、二〇二四年一月十九日に政治資金規正法違反（虚偽記入）の罪で彼らが立件したのは、安倍派と二階派、岸田派の会計責任者（事務局長）三人だけで、安倍派幹部の国会議員七人は不起訴となりました。

自民党の国会議員では、五一五四万円の「裏金」を記載しなかった大野《おおの》泰正《やすただ》参議院議員と、四三五五万円を不記載の谷川《たにがわ》弥一《やいち》衆議院議員が秘書と共に起訴されたほか、同年一月七日に池田《いけだ》佳隆《よしたか》衆議院議員が、四八二六万円の虚偽記入容疑で秘書と共に逮捕されましたが、彼ら以外の「裏金議員」は刑事責任を問われないまま、幕引きとなりました（その後、二〇二四年七月十八日に自民党を離党し、八月二十八日に国会議員を辞職した堀井《ほりい》学《まなぶ》衆議院議員が、八月二十九日に政治資金規正法違反の罪で略式起訴、九月十三日有罪確定）。

現行の政治資金規正法では、収支報告書の提出義務を派閥などの会計責任者に課す形式となっており、「裏金」問題で次々と明らかになった虚偽記入や不記載などが確認された場合、まず会計責任者が法的な処罰の対象となります。

二〇二四年一月十九日の午後三時半から臨時の記者会見を行った東京地検の新河隆志《しんかわたかし》次席検事は、自民党の派閥幹部を立件しなかった理由について、「証拠上、各会派の収支報告書の作成は会派の事務局がもっぱら行っており、派閥幹部が『還付』（キックバック）した分をどう記載していたかまで把握していたとは認められず、虚偽記入の共謀を認めるのは困難と判断した」と説明しました。

現実には、会計責任者が巨額の不正を自分個人の独断で行うとは考えにくく、自民党内の多くの派閥で「裏金」作りが同時進行でなされていた事実を踏まえれば、派閥の事務総長などの政治家が会計責任者にその指示を与えていたと見なすのが自然です。

しかし、そうした不正行為を指示する「共謀」を証拠によって立証できなければ、政治家を「裏金」問題で立件できないのが、現在の日本の法的な状況です。

先に紹介した二〇二四年六月十九日の「改正政治資金規正法」でも、野党だけでなく与党の公明党も強く要求した「連座制」（会計責任者が有罪になれば当該政治家も失職し、罰金刑や公民権停止などの処罰が科される制度）の導入は見送られ、いわば「トカゲの尻尾切り」で政治家が追及から逃れることを許す仕組みが温存されました。

また、東京地検は自民党の「裏金」問題での国会議員の起訴について、収支報告書への不記載額が「三五〇〇万円以上」を大まかな基準とし、「裏金」の金額がそれに満たない政治家は起訴しないという、一般常識では理解しがたい態度をとりました。

二〇二四年一月十九日付の東京新聞は、検察の判断について、「安倍晋三元首相の後援会が『桜を見る会』前日に主催した夕食会を巡り約三〇〇〇万円を記載しなかった秘書を略式起訴した過去の例などを、『線引き』の根拠としたとみられる」と解説しました。

これにより、東京地検は、不記載額（裏金）が三五二六万円の二階《にかい》俊博《としひろ》衆議院議員や、二七二八万円の萩生田《はぎうだ》光一《こういち》衆議院議員、二四〇三万円の山谷《やまたに》えり子参議院議員、二〇五七万円の橋本聖子《はしもとせいこ》参議院議員、一五六四万円の杉田水脈《すぎたみお》衆議院議員、一五四二万円の世耕《せこう》弘成《ひろしげ》参議院議員、八一九万円の馳浩《はせひろし》元衆議院議員（現石川県知事）など、計八五人の「裏金議員」を不起訴として、罪を問わないという新たな「前例」を作りました。

## 自民党国会議員への追徴課税を「見送る」判断を下した国税庁

本来なら、自民党の国会議員が隠していた巨額の「裏金」に対し、法に従って追徴課税を命じるべき立場にある国税庁も、東京地検と足並みを揃えるかのように、その罪を見逃すような不可解な態度をとりました。

収支報告書への「不記載」が発覚した自民党の議員たちは、過去の記載内容の「訂正」を行いましたが、そのやり方は、当初記入した収入や支出の総額、翌年への繰越額などを二重線で消して「不明」と書き添え、追記した政治活動に関する支出についても、金額や年月日は「不明」として処理するものでした。

二〇二四年二月十七日付の東京新聞記事によれば、萩生田光一衆議院議員が代表者を務める「自由民主党東京都第24選挙区支部」は同年二月上旬に、二〇二〇年から二〇二二年までの三年分の収支報告書を「訂正」しましたが、訂正個所は「不明」だらけで、その数は三年分で三〇か所以上に上りました。

他の自民党議員にも、同様に収支報告書の内容を「不明」という形に「訂正」する事例が確認されましたが、政治資金の収支報告書とは本来、国会議員という重要な公職に就く者が不正な金銭のやりとりをしないよう、金銭の出入りを透明化するために作られるものです。その記載内容について、二重線で消して「不明」と書くだけで済まされるなら、もはや収支報告書を作成する意味はなくなります。

このような手法がまかり通るのは、政治資金規正法に、収支報告書の訂正方法に関する規定がないからでした。内容を訂正する場合は「二重線で消す」と総務省から案内されていますが、訂正理由を問い質《ただ》したり、訂正内容が正確かどうかを調査確認する権限は、総務省や他の省庁には認められていません。

つまり、収支報告書を「不明」だらけにする手法は、法の穴をついた「裏技」的な脱法行為であり、実際にどのような形で使われたかを確認できなければ、特定の収入に課税する根拠も提示できないことになります。

所得税法の第9条第1項に「次に掲げる所得については、所得税を課さない」とあり、その第19号には「公職選挙法（昭和25年法律第100号）の適用を受ける選挙に係る公職の候補者が選挙運動に関し法人からの贈与により取得した金銭、物品その他の財産上の利益で、同法第189条（選挙運動に関する収入及び支出の報告書の提出）の規定による報告がされたもの」と記されています。

つまり、国会議員が得た収入は「原則非課税」ですが、収支報告書に記載されない「裏金」が議員本人の収入と見なされれば、その議員の「雑所得」と見なされて所得税の追徴課税の対象となり得ます。自民党の「裏金」事件がしばしば「脱税」事件として語られるのは、こうした「税金逃れ」という側面があるからです。

けれども、国税庁は現在までのところ、自民党の「裏金」議員たちへの追徴課税を「見送る」という判断を下し続けているようです。

## 相手が権力を持つ支配者かどうかでセーフとアウトの基準が変わる国

二〇二四年三月八日付の東京新聞記事によれば、東京の国税庁は自民党の「裏金議員」についての同紙の取材に対し「一般論として、課税上問題があると認められる場合には、税務調査を行うなどして適正、公平な課税の実現に努める」と回答しました。

同記事によれば、自営業者らを支援する全国商工団体連合会（全商連）は、国税庁に調査を要請すると共に、独自に試算した「追徴税額」を公表しました。それによれば、自民党の「裏金議員」八五人の収支報告書不記載などの総額を基に、五年間の各年の所得税や重加算税などを合計すると、追徴税額の合計は約一億三五〇〇万円で、監修した税法学の専門家によれば「これでも少なめの計算」による数字でした。

しかし、国税庁はこれらの要請に基づいて追徴課税に動くことはなく、岸田首相も同年三月六日の参議院予算委員会で「納税をうながす行為は考えていない」と答弁しました。

改めて指摘するまでもなく、本物の「法治国家」では、法律の適用基準が明確かつ強固で、対象が誰であっても等しく適用される仕組みが守られています。

二〇一二年十二月の第二次安倍政権成立以降の自民党政権下で、日本はもはや「法治国家」を名乗る資格を失ってしまったかのような事例が、現職の首相や閣僚、国会議員に関連して山のように積み重ねられてしまいました。

それより前の時代であれば、政権与党が自民党であっても、問題の性質から内閣総辞職に発展した可能性が高い、現職首相に関する汚職疑惑が、第二次安倍政権時代に次々と明るみに出ました。けれども、公的記録で潔白を証明するという「当たり前の義務」を首相側が果たさないまま、いつのまにかウヤムヤで幕引きになる展開が繰り返されました。

二〇一七年二月に国会で追及が始まった「森友《もりとも》学園問題」（安倍首相の妻昭恵《あきえ》が名誉校長に就任予定だった小学校のために、国有地の格安売却などで便宜を図ったのではないかとの疑惑）や、同年三月から追及がなされた「加計《かけ》学園問題」（安倍首相と親しい友人の加計孝太《こうた》郎《ろう》が理事長を務める大学に獣医学部を新設する際、便宜を図ったのではないかとの疑惑）、二〇一九年五月から国会で問題視された「桜を見る会問題」（総理主催の花見会を、有権者の買収などに利用したのではないかとの疑惑）などがそれです。

これらの疑惑は、不正を裏付ける証拠の文書や証言が複数存在するにもかかわらず、潔白を証明する公的記録が提示されないまま、黒に近いグレーという曖昧な形で幕引きとさ

## 法やルールの適用法の違い

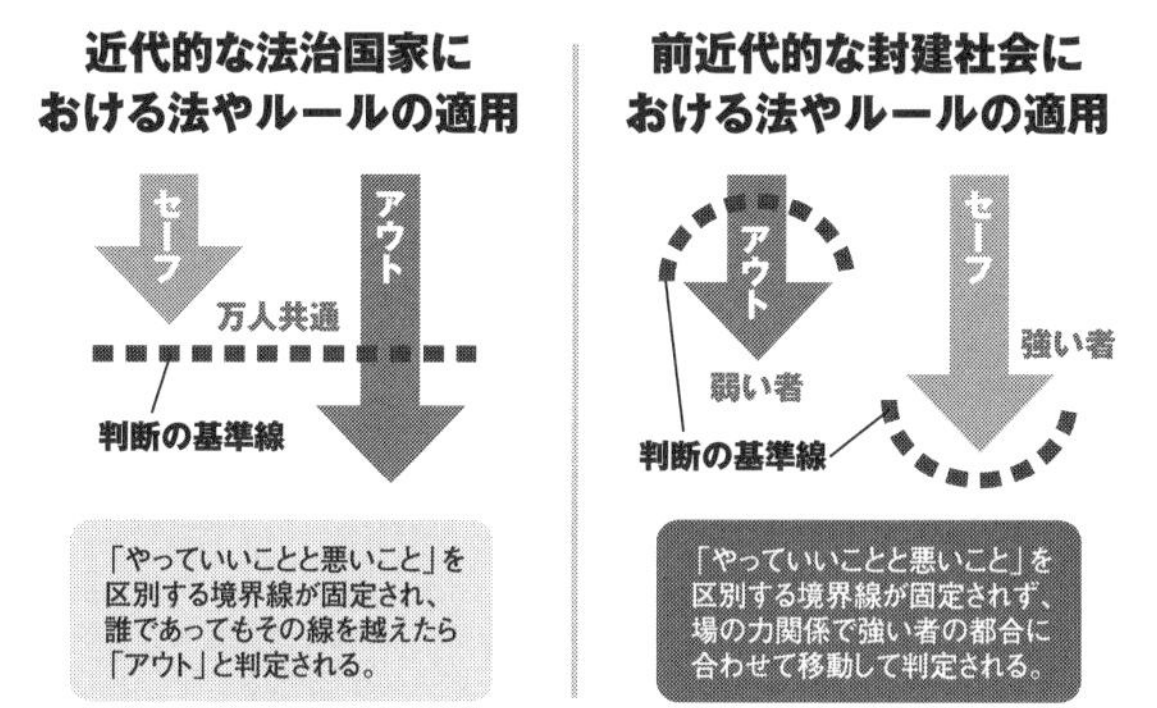
近代的な法治国家における法やルールの適用
セーフ
アウト
万人共通
判断の基準線
「やっていいことと悪いこと」を区別する境界線が固定され、誰であってもその線を越えたら「アウト」と判定される。
前近代的な封建社会における法やルールの適用
アウト
セーフ
強い者
弱い者
判断の基準線
「やっていいことと悪いこと」を区別する境界線が固定されず、場の力関係で強い者の都合に合わせて移動して判定される。

れ、疑惑の当事者である安倍晋三は検察による起訴を受けず、責任をとる形での辞任もせずに、内閣総理大臣という政府トップの地位に留まり続けました。

　森友学園問題では、安倍首相が二〇一七年二月十七日に衆議院予算委員会の答弁で述べた「私や妻がこの認可あるいは国有地払い下げに（略）もしかかわっていたのであれば、これはもう私は総理大臣をやめるということでありますから、それははっきりと申し上げたい」という発言がきっかけとなり、佐川宣寿ら財務省理財局の官僚が近畿財務局に関連する公文書の改ざんを命じ、公務員の倫理と良心に反する背任作業を「業務命令」としてさせられた近畿財務局職員の赤木《あかぎ》俊夫《としお》さんが自ら命を絶つという、痛ましい事件が引き起こされました。

数千万円の「裏金」を作って納税義務を怠っても、それが政権与党である（つまり絶大な権力を持つ）自民党の国会議員であれば、検察や国税庁の「さじ加減」一つで不起訴や調査見送りとなり、処罰されない。絵に描いたような「政治中枢が倫理的に腐敗した国」の状況ですが、法の適用が権力者と一般国民で異なるような国は、もはや先進国でも法治国家でもありません。

権力を握る者の都合で法やルールがねじ曲げられるのは、近代以前の人治国家です。

例えば、Ｐ１０１のような図をイメージしてみれば、自民党の首相や国会議員の違法行為が正しく起訴されず、法の不備に乗じた脱法行為の抜け穴がいつまでも塞がれず温存される今の日本社会がどれほど異常で、先進国だの法治国家だのを名乗るのもおこがましい「後進国」や「三流国」であるかがわかると思います。

一二年の自民党政権下で「法治国家としての底」が抜けてしまった日本。

我々の国はこの先、どんな未来に向かっていくのでしょうか。

## 《与党自民党と旧統一教会のグレーな互助関係》

### 本来なら内閣総辞職級の大スキャンダル

自民党の「大量裏金脱税」事件が問題視されるより前の、二〇二二年後半から二〇二三年末にかけて、日本の政界と社会を大きく揺るがしていたのは、自民党所属の多くの国会議員と旧統一教会（現在の団体名は「世界平和統一家庭連合」）の不透明な癒着でした。

きっかけは、奈良県の近鉄大和西大寺《やまとさいだいじ》駅前で発生した衝撃的な出来事でした。

二〇二二年七月八日の午前一一時三一分頃、同駅北側の道路脇スペースで、第26回参議院議員選挙のための自民党候補の応援演説を行っていた安倍晋三元首相が、至近距離から手製銃による銃撃を受け、致命傷を負った安倍は同日のうちに死亡が確認されました。

現場で取り押さえられた犯人は、同日昼に行われた最初の警察の取り調べに対し、安倍銃撃の動機について「統一教会のトップ、韓鶴子《ハンハクチャ》総裁を撃ちたかった。でも、コロナで日本に来ないので、統一教会と深い関わりのある安倍元首相を撃ちました」と供述しました

（二〇二三年一月七日付朝日新聞）。

同日夕方までの取り調べでは、「もともと統一教会を日本に引き込んだのは、岸信介《きしのぶすけ》元首相だ。ただ、すでに死んでいるので、その孫の安倍元首相を狙った」と供述し、統一教会の友好団体が主催するイベントに安倍がビデオメッセージを送った事実も知っていたとも述べました（同）。

このビデオメッセージとは、二〇二一年九月十二日に韓国のソウル中心部から約五〇キロ東にある清平《チョンピョン》で、旧統一教会の関連NGO「天宙平和連合（UPF）」が主催した「希望前進大会」に安倍が寄せたもので、彼はその中で「今日に至るまでUPFと共に世界各地の紛争の解決、とりわけ朝鮮半島の平和的統一に向けて努力されてきた韓鶴子総裁をはじめ、皆様に敬意を表します」との言葉を、旧統一教会とその関係者に発しました。

この殺害事件をきっかけに、国内外のメディアが安倍晋三および自民党と旧統一教会のさまざまな繋《つな》がりを報じるようになり、政界を揺るがす大問題に発展しました。

二〇二二年九月八日、自民党の茂木敏充幹事長が党本部で記者会見を行い、党所属の国会議員と旧統一教会の接点に関するアンケート形式（第三者の調査でなく自己申告）の調査結果を公表しました。衆参両院の所属議員全三七九人（衆参両院議長として党籍を離脱している細田博之《ほそだひろゆき》と尾辻秀久《おつじひでひさ》は除外）を対象とした結果によれば、教団側と何らかの接点があったと答えたのは、全三七九人の約四七パーセントに当たる一七九人でした。

選挙でボランティア支援を受けたことのある自民党の国会議員は、萩生田光一や岸信夫《のぶお》など一七人で、祝電やメッセージを送付したことがある議員は九七人、旧統一教会関連の会合に本人が出席して挨拶を述べた議員は九六人でした。また、四九人が旧統一教会とその関連団体への会費支出を行い、二九人がパーティー券購入などの金銭的な繋がりを有しており、二四人が旧統一教会の広報誌にインタビューや対談で登場しました。

この調査結果については、第三者によるものでないとして信憑性《しんぴょうせい》に疑いを差し挟む意見もありますが、仮に事実としても、本来なら政権与党の大スキャンダルとして、内閣総辞職に発展してもおかしくないはずでした。なぜなら、旧統一教会は韓国に本拠を置く宗教団体でありながら、自民党に対して「憲法改正」を強く要求し続ける（後述）など、きわめて政治色の強い活動を、日本国内でも大規模に展開してきたからです。

## 岸信介の時代から繋がっていた自民党と旧統一教会

旧統一教会を創立したのは、文鮮明《ムンソンミョン》という一九二〇年生まれの朝鮮人でした。

彼は、十代の頃にキリスト教の信徒となったあと、一九四一年から一九四三年まで東京の早稲田高等工学校に留学しました。一九四五年の大日本帝国崩壊後、文鮮明はキリスト教系の新興宗教団体を創設し、南北に分断された朝鮮で南のソウルから北の平壌へと移動して、布教活動を展開しましたが、一九四八年には社会秩序を乱したとして北朝鮮当局に逮捕され、朝鮮半島北東部の興南《フンナム》強制労働収容所へと送られました。

一九五〇年六月に朝鮮戦争が勃発し、同年九月に米軍が国連軍として北朝鮮領内に逆侵攻すると、興南強制労働収容所にいた文鮮明は米軍に解放され、韓国で布教活動を再開したのち、一九五四年五月一日に「世界基督《キリスト》教統一神霊教会（統一教会）」を設立しました。そして、五年後には活動地域を日本にも広げ、一九五九年十月二日に統一教会の日本支部を創設し、一九六四年七月十五日に宗教法人の認証を受けました。

この時、日本側で統一教会の活動を手助けしたのが、自民党の岸信介元首相でした。岸は、一九六〇年七月十五日、日米安保条約の改定（六月十九日）に関する国内混乱の責任をとる形で内閣総辞職し、その後は日本の自民党政権と韓国の朴正煕《パクチョンヒ》政権を繋ぐパイプのような政治的役割を担っていました。

宗教法人の認証取得から三か月半後の一九六四年十一月一日、統一教会日本支部は世田谷区から渋谷区に本部を移転しましたが、移転後の場所は岸の私邸の隣りで、岸と統一教会の関係者が互いに行き来する親密な関係が始まりました。

一九五七年二月二十五日の首相就任以来、岸と自民党は当時の東西冷戦（東のソ連と西のアメリカの二極を頂点とする国際的な緊張関係）下で、東アジアにおける「反共（ソ連と中国を敵とする反共産主義）の防波堤」として、アメリカの国際戦略に従う姿勢をとっていました。文鮮明と統一教会も、北朝鮮を敵と見なす反共思想を打ち出しており、岸と統一教会の繋がりは、アメリカ政府の利益にも合致するものでした。

一九六八年一月十三日には、統一教会を母体とする反共の政治団体「国際勝共《しょうきょう》連合」が韓国で設立され、同年四月一日には岸信介らが発起人となって、日本でも同名の団体が創設されました。日本の国際勝共連合の初代会長には、統一教会日本支部の初代会長でもある久保木《くぼき》修己《おさみ》が就任し、一九七〇年九月二十日に東京の日本武道館で開かれた「世界反共連盟世界大会」では、久保木が議長、岸が大会推進委員長を務めました。

こうした「反共」を軸とする岸および自民党の「保守系（反共）」議員と統一教会の繋がりは、一九八七年八月七日に岸が死去した後も継続し、岸の娘婿である安倍《あべ》晋太郎《しんたろう》（一九八二年から八六年まで外務大臣）は一九八八年二月十九日に国際勝共連合が主催した新年会で「皆さんにはわが党（自民党）同志をはじめ大変お世話になっている」と挨拶しました（二〇二二年十一月七日付毎日新聞）。

一九八九年七月四日には、文鮮明が韓国で行った説教で「（日本の）国会内で教会をつくる」や「自民党の安倍派（当時は安倍晋太郎の派閥）などを中心にして、クボキを中心に超党派的にそうした議員たちを結成し、その数を徐々にふやしていかないといけない」などと語りました（同）。

安倍晋三は、父の晋太郎が一九九一年五月十五日に急死したあと、一九九三年七月十八日に後継の衆議院議員となった次男で、晋太郎の外相時代には秘書官を務めていました。

以上のように、旧統一教会は岸信介と安倍晋太郎、安倍晋三の三代にわたって関係を持ち、自民党の内部に深く根を張るように、その政治的な影響力を強めていきました。

一方、国際勝共連合の機関紙「思想新聞」は、岸信介が現役議員だった一九七〇年代の初頭から、自民党に対して「憲法改正」を強く訴え、一九七三年五月三日に開かれた「第5回自主憲法制定国民大会」では、岸が議長、国際勝共連合の梶栗玄太郎《かじくりげんたろう》事務総長が司会を務めていました（二〇二三年七月八日放送のTBS「報道特集」）。

その後も、国際勝共連合と思想新聞は「自主憲法」や「新憲法」などの言葉で憲法改正の主張を続け、自民党の有力議員が参加する改憲集会に会員を参加させました。二〇一七年十一月一日付の思想新聞は、一面で「『国難』突破へ改憲を断行せよ」「『集団的自衛権』と『家族守護』　2大改憲が日本を救う」との見出しで、自民党の安倍首相に改憲発議を強く迫りました（同）。

## 安倍晋三元首相が殺されても旧統一教会との関係を断たない自民党

不可解なのは、自民党の総裁として長く政党の活動をリードし、憲政史上最長の総理大臣任期（通算で三一八八日、約八年七か月）を務めた安倍晋三元首相が、「旧統一教会と深い関わりを持つ」という理由（犯行直後に容疑者が語った供述より）で殺害されたにもかかわらず、岸田首相や自民党の主な国会議員（教団との関係を取り沙汰された議員）が、旧統一教会との縁を完全に断ち切ろうとしていないことです。

岸田首相は一応、二〇二二年八月三十一日の記者会見で、自民党と旧統一教会の関係を断つと表明し、それを党の基本方針に据えるとの考えを示しました。

旧統一教会は、「先祖の因縁」などと不安を煽《あお》り、高額な商品を買わせたり高額な献金をさせたりする、いわゆる「霊感商法」により、民事裁判で「不法行為」と認定されて信者や教団の責任が認められた事例が、一九九四年以降少なくとも二二件認定されています（二〇二二年十一月二十二日付朝日新聞）。

二〇二三年十月十三日には、岸田政権下の文部科学省が同教団の「解散命令」を東京地方裁判所に請求しました。

この請求を行った理由について、前日に方針表明の記者会見をした盛山正仁《もりやままさひと》文部科学大臣は、「教団は遅くとも昭和五五年（一九八〇年）頃から、長期間にわたって多数の方々に対し、自由に制限を加え正常な判断が妨げられる状況で多額の損害を被らせ、生活の平穏を妨げた。多くの人に多額の損害を被らせ、その親族を含む生活の平穏を害する行為をし、教団の財産的利得を目的として、献金の獲得や物品販売にあたり、多くの人を不安または困惑に陥れ、その親族を含め財産的、精神的犠牲を余儀なくさせ、生活の平穏を害する行為をした」などと説明しました（NHK政治マガジン、二〇二三年十月十三日）。

そして、盛山大臣は、宗教法人法第81条1項1号（「法令に違反して、著しく公共の福祉を害すると明らかに認められる行為をしたこと」）及び2号前段（「第2条に規定する宗教団体の目的を著しく逸脱した行為をしたこと」）の解散命令事由に該当するとの判断に基づいて、解散命令の請求を裁判所に行ったと述べました。

しかし、二〇二三年七月八日に放送されたTBS「報道特集」は、同年五月二十六日に東京の砂防会館別館大ホールで催された「令和5年度　安倍晋三名誉会長を偲《しの》び、新しい憲法を制定する推進大会」という、岸田首相をはじめ与野党の大物議員が参加した「改憲推進大会」に、旧統一教会が組織的な動員を行っていたと報じました。

## 岸田首相ら要人が上る演壇を整えた旧統一教会関係者

同番組は、独自に入手した旧統一教会の組織内で伝達された動員依頼文書のスマホ画面をいくつか紹介しましたが、そこには次のように記されていました。

「この大会には毎年、世界平和連合として動員協力をしており、今年も摂理機関本部関係で50名の動員を行うこととなりました」

それだけでなく、番組スタッフが当日現地で撮影した動画を見た現役信者は、そこに旧統一教会関連組織の幹部が複数参加していること、あるUPFの幹部が岸田首相らの登壇する舞台に上がり、マイクのある演壇の位置を直したりしていることを指摘しました。

大会終了後、番組スタッフに取材された件《くだん》のUPF幹部は「（教団と自民党が）関係を断ったからといって（改憲の）大会に参加しちゃいけないというのはない」と答え、演壇に触れるなどの行動については「（運営側と思われる人から）『ちょっとあなた手伝ってね』と言われたから」と説明しました。

ＶＴＲをチェックした旧統一教会の現役信者は「普通やらせないでしょう」「（岸田首相が立つ演壇に）爆弾を仕掛けられたりする（可能性がある）から」と感想を述べましたが、至極もっともな指摘です。

安倍元首相が大和西大寺駅前で銃撃されて命を落としてから、まだ一年も経っていない時期に、何者なのか身元不明な人間が現職首相の立つ演壇に触ったり動かしたりする状況を、首相の身辺警護に当たるＳＰ（要人警護の警察官）が看過するとは考えられません。

事前に主催者側が「この人は信用できる者だ」と保証した人間でなければ、首相や他の列席者（北側《きたがわ》一雄《かずお》公明党副代表、馬場《ばば》伸幸《のぶゆき》日本維新の会代表、玉木《たまき》雄一郎《ゆういちろう》国民民主党代表など）の安全に直接関わる演壇に手を触れることなど、普通はできないでしょう。

二〇二四年九月十七日付の朝日新聞は、参議院選挙直前の二〇一三年六月三十日、当時の安倍首相が実弟の岸信夫元防衛相、萩生田元経産相と共に、旧統一教会の会長や同教団関連団体の主要幹部と自民党本部の総裁応接室で「面談していたとみられる」とのスクープを、その時に撮影された記念写真と共に報じました。

同記事は、この面談では自民党比例区候補の北村経夫《きたむらつねお》(元産経新聞政治部長)への同教団による「選挙支援」が確認されたとの、複数の関係者の証言を紹介しました。北村議員は、二〇二二年に実施された自民党の「点検」において、実際に教団側からボランティアの選挙支援を受けたと認めていました。

第二次安倍政権以降の自民党政権は、安全保障分野に大きな重点を置いた政策をとってきましたが、その政府中枢が、外国の宗教団体と長年にわたり親密な関係を持ち、現在も不透明な形で繋がっているなら、軍事機密や外交機密などが教団を通じてその外国の政府機関や関連組織に流出している可能性が払拭できないということになります。

政教分離や、安全保障面での情報保全、「法令に違反して、著しく公共の福祉を害すると明らかに認められる行為をした」との判断に基づく解散命令との不整合など、自民党と旧統一教会の癒着疑惑は、さまざまな問題を内包する、今なお未解決の案件です。

前記した「裏金」問題や、不透明なまま幕引きとなった数々の安倍晋三に関わる不正疑惑とは違う次元において、自民党と旧統一教会の癒着という問題は、「日本の政治倫理の底」が完全に抜けた事例として、後世の日本で厳しい批判の目に晒《さら》されるのではないか。

私はそう思います。

## 《第二次安倍政権から繰り返される政治部の与党追従報道》

### 「偽りの中立的立場」に逃げて不公正を傍観するメディア

ある国で政治腐敗が進行した時、一定の健全さを保つ民主主義国では、社会的な自浄作用が働いて、腐敗の根源である権力者が失脚し、政治腐敗に歯止めがかかります。

その自浄作用で特に重要な役割を担うのが、司法検察とジャーナリズムです。

権力者の不正や汚職、人道的犯罪などが発覚した時、検察は時の権力に従属しない独立した立場で調査と分析を行い、法律に違反している事実が確認されれば、相手が誰であっても起訴して、法の裁きを受けさせます。これが大原則です。

そして大手新聞とテレビ、ラジオなどのマスメディアも、野党や検察とは別の、時の権力に従属しない独立した立場で調査と分析を行い、法律に違反している疑いが確認されれば、相手が誰であっても批判的に追及して、民主主義国では主権者とされる国民の「知る権利」に応える報道を行います。それが、いわゆるジャーナリズムです。

検察とジャーナリズムは、特定の権力者やその取り巻きの「私益」ではなく、国民全体の利益、つまり「公益」を念頭に置いて、職務を行っています。

倫理の「底が抜けていない」民主主義国では、これが当たり前の光景です。

しかし、先に述べた通り、現在の日本では検察による自浄作用はその機能を大きく失っているように見えます。そして、もう一つの柱であるジャーナリズムについても、現在の日本では社会的な自浄作用に貢献しているようには見えません。

どちらも、国民全体の利益という「公益」ではなく、特定の権力者やその取り巻きに奉仕し、自分たちも見返りの利益を得るという「私益」を優先しているように思えます。

そんな疑念を抱かせる理由の一つが、大手メディアの「偽りの中立的立場」です。

与党と野党の中間に立ち、どちらの陣営にも与《くみ》しない立場で双方を等しく監視する。

政権与党や現職の都道府県知事だけが不利になるような、一方的な批判は「控える」。

一見すると、こうした「中立的立場」はバランスのとれた姿勢で、良識的な態度であるかのような印象を受けます。対立する双方の意見に耳を傾け、「与党のやり方にも問題はあるが、野党の側にも問題がある」という風に、双方の問題点を等しく指摘するという態度は、形式的には「バランスのとれた中立であるかのように見える」からです。

## 「偽の中立」と「真の中立」の違い

**偽の中立:**

「AもBもどっちもどっち。双方の意見に公平に耳を傾けて、対立や分断でなく対話と協調を訴えるのがバランスのとれた中立的立場」

**真の中立:**

「Aは越えてはならない一線を越えてBの存在を圧迫し、Bの権利を侵害している。ただちにAは一線の右側まで戻らなくてはならない」

しかし、これは大きな間違いです。

なぜなら、政権与党や現職知事などは、国民や市民の生活を大きく左右できる「権力」を持っており、その大きな力をどう使っているかをジャーナリズムが厳しく監視することこそ、社会全体のバランスを均衡させるために必要な「中立的行動」だからです。

司法や検察に求められる中立が「法理に対する中立」であるのと同様、ジャーナリズムに求められる中立とは「公正（フェアネス）に対する中立」です。

権力を持つ与党や現職知事と、権力を持たない野党や批判的な市民の「ちょうど中間に立って双方の問題を指摘すること」が中立ではなく、誰が政権与党や知事になっても、等しく「権力に批判的な監視の目を向ける」ことが「公正に対する中立」です。

例えば、右の図を見てください。

この図で説明すると、大きな力を持つ側のA（政権与党や現職知事、大企業など）が、中間にある破線（法律など）を越えてはみ出し、力を持たない側のBを圧迫・抑圧するような事態が起きている時、ジャーナリズムがとるべき「公正に対する中立」とは、「Aは越えてはならない一線を越えてBの存在を圧迫し、Bの権利を侵害している。ただちにAは一線の右側まで戻らなくてはならない」と厳しく批判することです。

この態度は、Aが誰であっても等しく行うことによって「真の中立」となります。

けれども、現在の日本で大手メディアがやっていることは、中央の破線を踏み越えて横暴に振る舞うAと、それに蹂躙《じゅうりん》されるBの「ちょうど中間」に立って「AとBの双方の意見に公平に耳を傾けて、どちらの側にも与しない」という態度です（丸の点線）。

これは、図を見れば誰でも気づくように、中立に見せかけた「偽の中立」です。

## 「政治とカネ」という汚職をカモフラージュする婉曲語法

こうした「偽の中立」という不誠実なスタンスに加えて、政治報道における言葉の使い方も、日本では年々、国民に対して不誠実になっているように感じます。

私が子どもの頃、つまり一九七〇年代後半から一九八〇年代前半には、政治家の私利私欲に絡む不正事件が発覚すれば、「汚職」という言葉が使われていた記憶があります。

新村出《しんむらいずる》編『広辞苑』第七版（岩波書店）によれば、「汚職」という日本語の意味は、次のようなものでした。

「職権や地位を濫用して、賄賂を取るなどの不正な行為をすること。職をけがすこと」（p.414）

文字を見ればわかるように、汚職とは簡潔明瞭に問題の悪質さを示す言葉で、公職を汚す行いをした政治家は、即座に退場（役職辞任や議員辞職）するのが常でした。

例えば、一九八八年に発覚した「リクルート事件（高値が見込まれる未上場の不動産会社の未公開株が賄賂として自民党などの政治家に贈られた事件）」では、当時の竹下登《たけしたのぼる》首相や中《なか》曽根《そね》康弘《やすひろ》元首相、安倍晋太郎自民党幹事長を含め大勢の自民党議員が未公開株の譲渡を受けていた事実が判明し、竹下内閣は総辞職に追い込まれました。

また、一九九二年に発覚した「東京佐川急便事件（首相となる前の竹下登が東京佐川急便社長の仲介で暴力団と繋がりを持った事件）」でも、東京佐川急便から五億円の政治献金を受けていた自民党副総裁の金丸信《かねまるしん》が、国会議員を辞職し、のちに逮捕されました。

このように、長く続いた自民党政権下でも、汚職の事実が確認されれば厳しい批判を受けて居場所がなくなり、政治家としての生命を断たれる場合が少なくありませんでした。

中には、田中角栄のように、「ロッキード事件（一九七六年に発覚した、米航空機会社ロッキードの旅客機受注をめぐる贈収賄事件）」で五億円の受託収賄罪などで逮捕された後も、地元選挙区への利益誘導が評価されたのか、その後も五回の衆院選で勝ち続けて国会議員の地位を保った例もありますが、多くの「汚職」案件は検察とジャーナリズムの「十字砲火」（異なる角度からの射撃で死角をなくす戦法の軍事用語）により、辞職や逮捕という「物の道理にかなった結末」を迎えていました。

けれども、日本のメディアではいつ頃からか、この「汚職」という言葉が使われなくなりました。その代わりに、新聞やテレビの政治報道記者が、何かの協定でも結んだかのように横並びで使い始めた言葉があります。

それが「政治とカネ」です。

この「政治とカネ」という言葉には、「汚職」という言葉が持っていた、公益を害するという問題の悪質さを示す明瞭な「意味」が含まれていません。聞けば聞くほど、意味不明に思える漠然とした言葉です。

例えば、日本語の「汚職」に対応する英語は「corruption」という、贈収賄などの地位や職権を悪用した不正行為を指す言葉ですが、最近のメディアが使う「政治とカネ」をそのまま英語に訳しても、「politics and money」で、外国人が見ても「corruption」と同種の犯罪性や悪質性を読み取ることはないでしょう。

つまり、日本のメディアで常態化した「政治とカネ」という言葉は、地位や職権を悪用した不正行為の犯罪性や悪質性を消し去る効果を持つ、欺瞞《ぎまん》的な印象操作なのです。

## 「報道の自由度ランキング」での下位が定着

二〇一二年に自民党の第二次安倍政権が始まってから、日本社会にはさまざまな変化が生じましたが、その中でも特に重要と考えられるのは、政治報道の現場から「ジャーナリズム」が消え、政府発表をそのまま伝達拡散する「政府広報」のような「ニュース」ばかりが、政治報道の体裁をとってなされるようになったことです。

フランスに拠点を置く国際的なジャーナリズムの組織「国境なき記者団（RSF）」が毎年発表する「報道の自由度ランキング（プレス・フリーダム・インデックス）」と呼ばれ

る格付けで、「報道の自由度」における日本の順位が、第二次安倍政権以降の自民党政権下でずっと下位に低迷している事実からも、そのことがわかります。

この格付けは、同組織に所属するジャーナリストたちが各国の政治的条件や経済状況、法的枠組み、社会文化、安全性の五項目を総合的に評価して、国ごとの順位を国際社会に提示しているものです。

二〇〇二年に初めて「報道の自由度ランキング」が公表された時、日本（第一次小泉内閣）の順位は、26位でした。しかし、二二年後の二〇二四年の同ランキングにおける日本の順位は70位で、二〇二三年は68位、二〇二二年は71位でした。

ちなみに、二〇二四年の1位はノルウェーで、2位はデンマーク、3位はスウェーデンと北欧の国がトップ3で、日本より上の69位はアフリカのコンゴ、68位は東カリブ諸国機構、67位はハンガリーでした。アメリカは55位、イタリアは46位、イギリスは23位、フランスは21位、ドイツは10位でした。

民主党政権時代には、日本の順位は一時的に上昇し、鳩山由紀夫内閣の二〇一〇年には11位という比較的高位にランクされました。菅直人《かんなおと》内閣の二〇一一年も22位で、民主党政権下の日本では、報道の自由はおおむね機能していると評価されていたようです。

しかし、第二次安倍政権がスタートした直後の二〇一三年には、53位と大きく順位が下落して、二〇一四年は59位、二〇一五年は61位、二〇一六年と二〇一七年には72位と、低迷を続けます。首相が菅義偉と岸田文雄に代わっても、順位は60位代後半と70位代前半を行き来し、二〇一三年から二〇二四年までの自民党政権一二年間の平均順位は、66位でした。「報道の自由度」という面で、民主党政権時代から大きく後退した状況です。

同記者団の公式サイトを見ると、各国の状況や問題点についての指摘がなされていますが、そこに書かれている日本の報道分野での問題は、次のようなものでした。

「日本は議会制民主主義の国であり、一般的にはメディアの自由と多元主義が尊重されます。しかし旧来の利害関係やビジネス上の利害関係、政治的圧力、男女の不平等により、ジャーナリストが監視者としての役割を完全に果たせないことがよくあります」

「二〇一二年に右派の国粋主義(安倍政権)が台頭して以来、ジャーナリストたちは彼らに向けられる敵意を帯びた不信感について不満を述べてきました。記者クラブ制度は、既存の報道機関のみに記者会見や政府高官へのアクセスを許可し、記者に自己検閲(セルフ・センサーシップ)を促すもので、フリーランスや外国人記者に対するあからさまな差別となっています」

「日本では、政府や企業が日常的に主流メディアの経営に圧力をかけており、その結果、汚職、セクシャル・ハラスメント（セクハラ）、健康問題、環境汚染など、デリケートと見なされる可能性のあるテーマについては、厳しい自己検閲が行われています」

奇妙なのは、第二次安倍政権以降の自民党政権下では、日本の「報道の自由度ランキング」がずっと低迷したままなのに、当事者であるメディア業界、とりわけ大手新聞各社と大手テレビ各局、NHKの社員たちが大した問題意識も危機感も持たず、まるで他人ごとのように軽く扱っていることです。

戦前から戦中にかけての昭和の大日本帝国時代、当時の大手メディアだった新聞各紙とNHKラジオは、実質的に政府と軍部に阿諛追従《あゆついしょう》する姿勢をとり、一九三七年七月の日中戦争勃発から一九四五年八月の無条件降伏受諾（正式な降伏文書への調印は九月二日）までの八年間、政府と軍部の戦争遂行を批判することはありませんでした。

戦後、朝日新聞をはじめとする日本の大手メディアは、先の戦争への加担と国民に対する戦争扇動を反省し、政府への阿諛追従ではなく、批判的思考に基づく権力監視のジャーナリズムを、欧米の民主主義国にならって行ってきたはずでした。しかし、二〇一二年十二月に自民党が政権を奪回し、第二次安倍政権が発足して以降、日本の大手メディア各社では、戦前や戦中の反省もいつしか忘れられてしまったようです。

こうして日本は、新聞社やテレビ局の社員である政治記者の「自己検閲」などにより、「報道の自由の底」が抜けた国になってしまいました。

## 《国会や記者会見を無意味にする「詭弁」の氾濫》

### 詭弁とウソとはぐらかしによる強権政治の固定化

中央政界の「政治倫理の底」が、まるで深刻な事故を起こした原子力発電所のメルトスルー（溶けた核燃料が圧力容器の底部に穴を開けて外部に漏れ出る状況）のように抜け落ち、それを監視する検察とジャーナリズムも機能不全に陥って「法治国家としての底」と「報道の自由の底」も抜けてしまったのが、二〇二四年の日本社会です。

この惨憺《さんたん》たる状況にもかかわらず、社会の自浄作用は一向に働く気配がありません。検察とジャーナリズムの機能不全に加えて、社会の自浄作用を阻害している要因の一つが、政治の議論における「詭弁」の常態化です。

新村出編『広辞苑』第七版で「詭弁」という言葉の意味を引くと、「命題や推理に関する論理的操作によって生ずる、一見もっともらしい推論（ないしはその結論）で、何らかの誤謬を含むと疑われるもの。相手をあざむいたり、困らせる議論の中で使われる」とあります（p.731）。

しかし現在の日本で権力者が多用する詭弁は、このような定義に当てはまる「立派なもの」ではありません。むしろ、小さい子どもの口げんかと同レベルの、言葉による意思の疎通を徹底的に壊して相手に無力感を味わわせる「コミュニケーションの遮断」です。

例えば、国会や記者会見の場で、自民党の首相や閣僚、国会議員たちが、異口同音にこういう言葉を口から発するのを見聞きしたことはありませんか？

「お答えを差し控えさせていただく」

「適正に処理されている」

「そのようなご批判はあたらない」

「ご指摘のような行動をしたかどうか記憶にない」

政治の世界で、権力を持つ側の人間が、不都合な指摘や批判をかわすために詭弁を弄する光景は、古今東西で繰り返されてきました。しかし、特定の個人や集団（政党や宗派、軍などの実力組織）が単独で「独裁」の体制を確立している国以外では、対抗勢力や国民からの批判が湧き起こるので、詭弁の濫用には一定の抑制がかかるものです。

しかし二〇一二年からの自民党政権下で、政治の世界における詭弁は、タガが外れたかのように、あるいは何かの「中毒」のようにまん延し、質問や批判を詭弁ではぐらかす態度が常態化しました。相手が真面目に質問している時に、木で鼻をくくったような詭弁で返すというのは、明らかに不誠実で傲慢な態度ですが、この一二年の自民党政権下で、日本の政界ではそんな異様な姿が日常の風景となってしまいました。

先に言及した自民党の「裏金脱税」問題について、二〇二三年十一月二十一日の衆院予算委員会で野党議員に追及された際、過少記載の時期に自民党安倍派（旧細田派）の事務総長だった松野博一官房長官（当時）は「政府の立場として答えは差し控える」と回答を拒否し、十二月一日の官房長官記者会見でも、松野長官は「政府の立場として答えは差し控える」という遁辞《とんじ》を繰り返して、訊かれた質問への回答を拒否し続けました。

こういう光景に慣らされてしまうと、この松野官房長官の答弁の「何がおかしいか」に気づくことができず、モヤモヤする気分のまま、黙るしかなくなります。

けれども、これは絵に描いたような説明責任逃れの詭弁です。

松野官房長官は、派閥ぐるみで裏金作りがなされた当時、金銭の処理に責任を負う「事務総長」であったわけで、記者や国民から問われているのは「裏金作りをした派閥の事務総長であった松野博一議員としての説明」です。それを「政府として」という別の立場にすり替えた上で「答えは差し控える」という一見もっともらしい言葉で、質問を煙《けむ》に巻いて逃げています。

つまり、詭弁とはスポーツで言う「ファウル」であり、国民をばかにする「汚い行為」であることを、我々はしっかりと認識し、主権者としての怒りを持つ必要があります。

## 濫用される「お答えは差し控える」という論点すり替えの詭弁

政治家が保身や自己利益のために濫用する詭弁の中でも、とりわけ悪質で有害なのが、「それについてはお答え／説明を差し控える」という詭弁です。

二〇二〇年十一月七日付朝日新聞夕刊記事によれば、立命館大の桜井啓太《さくらいけいた》准教授（社会福祉学）が国会会議録検索システムを活用して調査し、「答えを控え」「答えについて差し控え」など類似の一六パターンについて、国会で発せられた回数を集計したところ、二〇一二年十二月にスタートした第二次安倍政権下で使用頻度が激増し、二〇一七年〜二〇一九年にはいずれも毎年五〇〇回を超えていた事実が確認されました。

二〇一八年には、国会でこれらが発せられた回数は五八〇回で、一九七〇年（七回）との比較で八〇倍以上に激増しました。発言者別では、安倍元首相が一六五回と断トツで多く、この詭弁が国会で多用されるきっかけが安倍晋三であった事実がわかります。

重要な質問への「お答え／説明を差し控える」という返答は、一見すると礼儀正しく、もっともらしいですが、実はこの詭弁には論理的な正当性がありません。

本来、首相や閣僚、与党の国会議員は、国民の生活を左右するほどの大きな権力を握る「公人」であるがゆえに、主権者である国民やその代理人的存在である報道記者からの質問に誠実に答えて、「説明責任（アカウンタビリティ）」を果たす義務を負います。

それが、国民主権を土台とする「民主主義国」の大前提です。

実際、アメリカやヨーロッパ、その他の民主主義国では、報道記者が権力者にしつこく食い下がり、権力者がきちんと答えるまで質問を投げ続ける光景が珍しくありません。記者側も、自分が国民の代理人的な存在であるという自覚を持ち、責任感と職業的矜持《きょうじ》を胸に抱いて、国民の「知る権利」を代行する立場から、権力者に説明を求めます。

昔は日本でも、こうした緊張感が、首相や官房長官の記者会見でも見られました。

首相や官房長官は、締まった面持ちで、記者から投げられる「痛い質問」や「できれば答えたくない質問」にも、最低限の答えを口にして説明責任を果たしていました。

しかし、この一二年間の自民党政権下で、そんな緊張感はいつしか消失し、首相や官房長官の顔から緊張感が消え、記者をあざ笑うような「それについては説明を差し控える」という詭弁で、どんな質問でも答えずにはぐらかすことができるようになりました。

改めて指摘するまでもなく、記者会見における詭弁の常態化は、自民党政権の責任であるのと同時に、本気で権力者に「説明責任」を求めなくなった報道記者や報道企業の責任でもあります。「説明を差し控える」と言われて黙って引き下がるような、報道人としての責任感も職業的矜持も持たない政治記者ばかりになったことで、権力者は自分に不都合な事実については、どこまでも説明を拒絶できるようになってしまいました。

こうした詭弁には、単に「権力者が自分に不都合な事実の説明を拒絶する」以外にも、より深刻な社会的問題が内包されています。

それは、「立場の上下関係を固定化する」という、目に見えにくい問題です。

何かを質問されて「回答や説明を差し控える」と言うことができるのは、相対的な立場が「上の者」や「強い者」だけです。立場が「下の者」や「弱い者」は、自分に不都合な事実について説明を求められた時に「差し控えます」とは言えません。

例えば、教師が生徒に何かについて説明を求めた時、生徒側が「説明は控えさせていただきます」と言えるでしょうか？　そう言ったとしても、許されるでしょうか？

あるいは、会社の社長や上司が平社員に何か質問した時、社員が「お答えは差し控えさせていただきます」と答えたら、どんなことになるでしょうか？

これらを想像すればわかるように、この「お答えは差し控える」という論点すり替えの詭弁は、立場が「上の者」や「強い者」が、自分よりも「下の者」や「弱い者」に対して使うことができるもので、その逆の図式は成立し得ません。

言い換えれば、この詭弁を使われた記者が、黙って引き下がることで、政治家と記者の上下関係が固定化され、記者はますます政治家に対して弱腰でへりくだるという、国民にとって望ましくない状況がさらにエスカレートすることになります。

## もはや「言論の府」として機能しなくなった日本の国会

二〇二三年十二月十三日、首相官邸で記者会見した岸田首相は、自民党の裏金問題について「国民の信頼回復のために火の玉となって自民党の先頭に立ち、取り組む」と述べましたが、そこで言う「火の玉」が何を意味するのかと記者から問われても、「強い危機感を私こそ最も強く感じている」などと、要領を得ない言葉ではぐらかすだけでした。

また、この日の記者会見で「総理の職を辞する考えはあるか」と訊かれた岸田首相は、「自民党の問題であるという強い認識を持って、党としてこれにどう向き合うのか、対応していくのか、これを明らかにしなければならない。事実を確認する中で党として真剣に取り組まなければいけない。こうした課題であると認識しています」と、質問の内容とは無関係な言葉を羅列して、質問を煙に巻く態度をとりました。

岸田首相は、二〇二四年三月五日の参議院予算委員会でも、野党議員からの「自分の責任についてどう考えるか、どのような処分を考えているか」との質問に、「法改正等を通じて再発防止を実行することによって責任を果たしていきたい」との答えではぐらかし、首相辞任などの形で責任をとる姿勢はまったく見せませんでした。

これらも、一見もっともらしい言葉で質問者を煙に巻いていますが、全部詭弁です。岸田首相の語ったこれらの言葉には、論理的な中味が何もないからです。

何かを語っているかのように見せかけて、実は論理的には何も語っていません。

例えば、「何々せねばならない」という言葉は、自分が「何々をする」という当事者としての断言ではありません。第三者が傍観的に語るかのような、ただの一般論です。

自分が「何々をする」と発言すれば、実際にそれをする必要と責任が生じますが、誰の話をしているのかわからない形の曖昧な一般論で「何々せねばならない」と発言しても、発言者がそれをする必要は生じず、しなかったとしても責任を問われません。

そして、「総理の職を辞する考えはあるか」という重要な質問に対する岸田首相の答えも、論理的な中味のない言葉を長々と煙幕のように並べているだけの詭弁です。

自民党という政党が、組織ぐるみで長年にわたり「裏金」という違法・脱法行為に手を染めていた事実が発覚した以上、組織の責任者である党総裁がその職を辞任することが、選挙などで権力を付託した国民に対する「責任の取り方」です。

ある組織が重大な不祥事を引き起こしたなら、組織を監督するトップはその地位に留まる正当性を失い、責任をとって辞任することが求められます。実際、民間企業でも、会社ぐるみでの大規模な不正が発覚すれば、社長や取締役が辞任するのが定番です。

もし産地偽装や検査データ改ざんなどの大規模な不正行為が発覚した企業の社長が「辞任せず職務を続けることで職責をまっとうする」と居直ったら、どうなるでしょうか。まず間違いなく、その社長は世論の猛バッシングを受けて辞任を余儀なくされるでしょう。

ところが、自民党の首相や大臣であれば、こんな人を小馬鹿にするような詭弁で辞職を免れて、権力の座に居座り続けることができます。

最近では、この不誠実な詭弁を真似て、自分が引き起こした不祥事の責任を一切とらないまま、辞任も拒否して居座ろうとする都道府県知事も出てきました。

こうした「辞任せず職務を続けることで職責をまっとうする」という詭弁は、論理的にはまったく成立していない「たわごと」です。

不手際で「その職責を務める資格」を失った人間が「辞任せず職務を続ける」というのは、客を乗せて運転中のタクシー運転手が交通違反で警察に検挙されても「車を降りずに運転を続けることで職責をまっとうする」と言っているようなものです。

けれども、言葉の印象によって何か「前向きなことを言っているかのようなイメージ」を醸し出しているので、それが詭弁であるという事実が国民の間で正しく認識されず、政治記者も批判的視点を持たないまま、それを記事にして社会に拡散しています。

その結果、日本の政界は、論理性が欠落した「一見もっともらしい言葉の羅列」を口にすれば、どんな質問や追及でもはぐらかすことができる状況になりました。

そして、報道記者が権力者の詭弁に疑問を抱かず、無抵抗な姿勢で追従することが常態化した結果、国会という「言論の府」でも、まともな論理をぶつけ合う議論が成立しなくなり、野党の質問を与党の首相や閣僚が詭弁でだらだらとはぐらかして、貴重な審議時間を無為に浪費する光景が当たり前となってしまいました。

国会の審議とは、単純な「与党対野党の言論バトル」ではなく、与党が成立させようと目論《もくろ》む政策の問題点や、国民にとっての不利益を浮かび上がらせる効能を持つ重要なプロセスで、一般国民にとっても重大な議論です。

しかし、報道記者が権力側の詭弁を「詭弁という悪質な詐術だ」と批判せず、詭弁の言葉をそのまま記事の見出しや本文で無批判に拡散することで、権力を持つ側が国民に対して説明責任を果たすという、民主主義国では当たり前の手順が消失しました。

このように、詭弁で説明責任を果たさない自民党と、その国民に対する背任的態度を批判しない政治報道記者の「共犯」により、日本の国会では論理的に意義のある議論がほとんど成立しなくなり、「議会制民主主義の底」までが抜けてしまったと言えます。

## 《権力によって「言葉」が破壊された国の行き着く先》

## 詭弁とウソとはぐらかしによる強権政治の固定化

論理性を破壊する武器としての詭弁は、野党や国民の批判を無力化することで、強権政治を固定化するという、社会全体の健全さを脅かす弊害も生み出します。

自民党が特定の政策を強引に国会で成立させようとする時、野党議員が提示する論理的な「問題点の指摘」を詭弁ではぐらかして審議時間を無為に浪費すれば、抵抗を排除して「目的」を達成できます。しかしそれは、法案の中にある問題点が放置されたまま立法化され、欠陥を内包する法律が社会に適用されることを意味します。

権力を握る側は、自分の「やりたいこと」を実行するために、批判や抵抗を弱めることにエネルギーを注ぎます。批判や抵抗をうまく排除できれば、短期的に見れば、自分たちにとってプラスの展開だと思えるかもしれません。

けれども、過去の歴史を参考に、長期的なスパンで物事を考えれば、問題点の指摘という有益性も持つ批判や抵抗を排除することが、結果として自分たちの権力機構を土台から崩壊させるという、自滅的な展開もあり得ることがわかるはずです。

その実例が、昭和の大日本帝国がたどった道でした。

一九三一年九月の満洲事変以降、大日本帝国政府と陸海軍は、対外戦争を国策遂行の手段とする方針を拡大し、国内での批判や抵抗については、治安維持法（一九二五年三月十九日成立、同年五月十二日施行）や軍機保護法（旧法は一八九八年十二月二十日成立、一九三七年八月十四日に改正され、同年十月十日に施行）などの法律と、天皇崇拝の風潮を利用した心理的圧力などによって封殺することに成功しました。

それで、この国はどうなったか？

一九三七年七月七日の盧溝橋事件を発端とする日中戦争が拡大・長期化し、国民生活のレベルが低下しても、人々は軍の憲兵や特高警察（治安維持のための公安警察）、政府の国策に忠実な「愛国的国民」からの弾圧や攻撃を恐れて、「多少譲歩してでも、中国との戦争を一日も早く終わらせるべきだ」というまっとうな指摘を自由に口にできませんでした。その結果、軍の面子《メンツ》を保つためにだらだらと日中戦争が長期化した挙げ句、アメリカやイギリスなどを相手とするアジア太平洋戦争へとエスカレートする展開となりました。

その後も、新聞各紙や日本放送協会（ＮＨＫ）ラジオは軍部の意向に全面追従し、戦争への批判や問題点の指摘を一切報じずに、国民を戦争協力に扇動し続けました。戦争後半に戦況が悪化すると、軍部とメディアは結託して、実際は連戦連敗で日本軍に甚大な損害が生じているのに「無敵皇軍（日本軍）は連戦連勝」「敵艦隊に壊滅的打撃」などと、事実に反するウソを並べた「大本営発表」で国民をだますようになります。

そんな行動を繰り返す大日本帝国を最後に待っていたのは、一九四五年八月（ポツダム宣言受諾、正式な降伏は九月二日）の破滅的な敗戦でした。これにより、天皇を頂点とする大日本帝国の政治体制も、日本陸軍や日本海軍という強大だった軍事組織も、戦勝国によって解体される結果となりました。

大日本帝国政府と陸海軍が「やりたい放題」するために、批判や問題点の指摘を徹底的に無力化した結果、逆に大日本帝国政府と陸海軍は「自滅」したのです。

このように、批判や問題点の指摘は、それを受け取る側にとっても、本来は有益な材料であり、真に有能な指導者は、批判や問題点を率直に指摘する者を、側近として重用します。短期的には、自分のやりたいことを邪魔するように見えても、長いスパンと広い視野で考えれば、そうした批判や問題点の指摘に耳を傾けて、計画や方針を手直しした方が、失敗する可能性を減らしたり、より大きな成果を得られると理解しているからです。

これが、リーダーに必要とされる本物の「知性」と「見識」です。

今の日本の政界や財界に、そんな知性や見識を備えたリーダーがいるでしょうか。

## 重要なことが「記憶にない」人間ばかりになった日本の国会

先に挙げた「お答えを差し控える」と同様に、政治家の言葉として悪質なのは「記憶にありません」という詭弁です。

職務上、許されない行動をとったかと質問されて「記憶にありません」と言う。

大抵の場合、質問した記者はこの詭弁のはぐらかしに「それを言われたら手も足も出ない」とあきらめて立ち止まり、そこで追及をやめてしまう。

でも、本当に「それを言われたら手も足も出ない」んでしょうか？

私はそうは思いません。

政治家が不都合な事実関係を追及されて「記憶にありません」と答えるのは、実際には公言できないことをやったという「記憶」があるからです。

実際には公言できないことを「やった」にもかかわらず「やっていない」とウソをつけば、後で「やった」証拠が出てきた時に言い訳ができなくなり、議員辞職するしかなくなります。でも「記憶にありません」と答えておけば、後で「やった」証拠が出てきた時に「思い出した、実はそうでした。でも……」と、新たな言い訳で逃げ道を確保できます。

この「記憶にありません」という詭弁を突破する方法は、実はいくつかあります。

一つは、「では、あなたの頭には、それをするという行動の選択肢はあったのですね」という追及の仕方です。頭の中に、それをするという選択肢が「全くなかった」のなら、記憶がどうこうという以前に「いいえ、やっていません」と明言できるはずです。

つまり、問われている事実関係を「記憶の問題」にすり替えている時点で、実質的にそれを「やった」と認めているのと同じなのです。

例えば、私が誰かから「お前、痴漢しただろう！」とか「女性を盗撮／レイプしただろう！」と言われれば、即座に「やっていません」と返答します。

これらの問いに対して「記憶にありません」と答えることは絶対ありません。

これは、記憶の問題ではなく、行動の選択肢の問題だからです。

私が何かの行動を起こす時、内面的な倫理観や社会秩序との折り合い、法律や規則の尊重など、さまざまな角度から検討して「やっていいこと」と判断した上でそうします。

そして、私の基準では、法律や規則以前に、内面的な倫理観に照らして、それらの行動は、私の行動の選択肢にありません。選択肢にない以上「やるわけがない」のです。

二年前の八月に、名古屋駅の地下にある飲食店で昼食を食べた時、注文したのは「天ざる」ですか、それとも「山かけそば」ですか？　と訊かれて、「その日にどちらを選んだかは記憶にありません」と答えることはあり得ます。この二つは、私がそば屋さんで注文する時によく頼む品なので、どちらであっても私の行動の選択肢に存在します。

けれども、痴漢や盗撮、レイプなどの性犯罪は、最初から私の行動の選択肢に存在しません。なので、それらの行動を私が主体的に選ぶはずがないのです。

だから「いいえ、やっていません」とはっきり明言できます。

こうした観点で政治家の語る「記憶にありません」というみっともない詭弁を論理的に分析すれば、彼らはその発言によって、違法なことや、道義的にしてはならないことが自分の「行動の選択肢」に存在することを自ら認めていることになります。

もし政治記者が「明確に否定されないということは、つまり『それは自分の選択肢に存在した』と認めているのですね？」という追及の仕方をすれば、この詭弁は無力化できると思うのですが、なぜか本気で政治家の詭弁と戦ってそれを粉砕しようという気概を感じさせる政治記者は、今までのところ一人もいないように見えます。

もう一つ、「記憶にありません」という詭弁に有効と思われる追及の仕方は、「そうですか。では、それをした可能性をあなたがご自身でお認めになったと理解します」という形で質問を終わらせるやり方です。すると相手は焦って「ちょっと待て、私はそれをしたなどと認めていないぞ」と言うかもしれませんが、その時は「でも記憶がなくて明確に否定していませんよね？　記憶がないなら『やっていない』と明言できないわけですから、やった可能性がある、とご自分でお認めになったことになります」と突き放せばいい。

政治家と対峙する政治記者には、最低限このくらいの胆力と論理力が必要とされます。しかし、今の日本の記者会見場では、そんな胆力と論理力を備えた政治記者など、ほとんどいないと言わざるを得ない状況です。

そんな体たらくだから、権力を持つ政治家はますます増長し、人を小馬鹿にした詭弁で質問をはぐらかして記者や国民に無力感を植え付け、逆らっても無駄だというあきらめへと仕向ける傲慢な態度が常態化しました。

## 「論理的思考」と「形式的思考」の取り違え

それにしても、なぜ日本社会は、これほど詭弁に対して脆弱《ぜいじゃく》になってしまったのか。

理由は、いくつか考えられますが、「論理的思考」と「形式的思考」の取り違えというのも、その大きな原因の一つであろうと思います。

論理的思考とは、物事を筋道立てて考え、それが道理に適《かな》っているか、矛盾や不整合がないかをさまざまな観点から検証して、是非を判断する考え方のことです。

それに対し、形式的思考とは、特定の条件下で慣例化した「形式」を判断の基準とし、物事がその形式に合致しているか、形式上の慣例に沿っているかで是非を判断します。

論理的思考は、それぞれの人間が独立して、自分の頭で考える行為であり、一人一人の思考の独立により、しがらみのない判断が導き出されます。もちろん、そこには各人の主観や思考のクセなどが介在する余地がありますが、物事を筋道立てて考え、矛盾や不整合がないよう整えられた論理には、他者との対話を成立させる互換性が存在します。

しかし、形式的思考は違います。形式とは、過去の前例の踏襲という枠組みのことで、過去と現在の「多数派」がとってきた判断や行動が思考の指針となります。そこでは、対話を成立させる互換性は特に求められず、特定の行動を正当化するための「形式上のアリバイ作り」がなされれば、その瞬間に目的が達成されます。

言い換えれば、論理的思考は「議論や対話を有益にする」ための道具ですが、形式的思考は議論や対話を必要とせず、ただ一方的な「現状の正当化」に使われます。そのため、形式的思考には論理的思考のような柔軟性はなく、特定の結論を頑《かたく》なに押し通す際、異論を排除して批判者を黙らせる形で使われる場合も少なくありません。

一見もっともらしい「形式的文言」を並べて相手を黙らせる詭弁は、典型的な「形式的思考の悪用」であり、そこには論理的思考が欠落しているという重大な事実を、報道記者や国民は見抜かなくてはなりません。けれども、子どもの頃から学校教育などで形式的思考に過剰適応してしまうと、「形式的文言」の羅列を見て「必要な形式が満たされた」と判断し、何の疑問も抱かずにそれを受け入れてしまうパターンに陥ります。

これが、形式的思考という思考形態が持つ、重大かつ致命的な「バグ（内在的欠陥）」であり、見落とされることが多い「思考の陥穽《かんせい》（落とし穴）」です。

論理的思考と形式的思考は、本質的に似て非なるものですが、この二つを混同してすり替える詐術（詭弁）にうっかり気づかなければ、記者会見や国会審議にどれほどの時間を費やしても、論理的にはまったく意味のない「形式のアリバイ作り」で終わります。

言葉によるコミュニケーションは、人間社会を円滑に維持し、社会的関係を豊かにする重要な土台であり、我々はみな、その大事な土台が壊れたり腐ったりしないように、掃除や手入れなどのメンテナンスを常日頃からする必要があります。

けれども、第二次安倍政権以降の自民党政権は、私利私欲と権力独占のために、この土台を意図的に壊し、腐らせてしまいました。論理的に意味の通った対話や、建設的批判の意味が無効化されてしまうと、権力を持つ者はそれを悪用して、さらに多くの権力を束ねて独占的に掌握できるように法律を変えることが可能になります。

これは、いわゆる「独裁国」で多く見られる特徴です。独裁国の場合、言論弾圧や脅迫などのあからさまな手段でそれが実行されますが、詭弁という見た目だけではその悪質さが理解されにくい「言葉の詐術」でも、同様の効果を静かにもたらすことは可能です。

政治腐敗の浄化にまず必要なことは、政治報道の記者が胆力と論理力を持って権力者に対峙することです。それなしに、政治腐敗の浄化は実現できません。会見場にいる政治報道の記者たちが、現在のような「権力者に過剰にへりくだる姿勢」を止めて、然《しか》るべき胆力と論理力を持って図太くしぶとく対峙するようになれば、記者会見に緊張感が生まれ、首相や大臣は記者や国民を小馬鹿にして舐《な》めた態度をとれなくなるはずです。

逆に言えば、政治報道の記者たちが、それぞれが所属する会社の社内での保身や出世を優先して、現在のような「権力者に過剰にへりくだる姿勢」を続ける限り、政治や報道の「底が抜けた状態」は今後も続き、ますますひどくなっていくでしょう。

第三章

# 公正の底が抜けても、不条理に従い続ける日本国民

## 《「大企業優遇政策」へと舵を切った安倍晋三と自民党政権》

### 自民党への献金を増やして「見返り」を得る日本の大企業

日本社会が自民党の大量「裏金」事件に揺れていた二〇二三年十二月四日、主要な大企業を中心に構成される経済団体「日本経済団体連合会（経団連）」の十倉《とくら》雅和《まさかず》会長は記者会見を行い、国からの政党交付金制度があるにもかかわらず、経団連が毎年約二四億円の政治献金を自民党に続けていることについて、次のような言葉で正当化しました。

「民主主義を維持していくにはコストがかかる。企業がそれを負担するのは社会貢献の一つだ」

経済団体は、所属企業の利益確保と商業面での目標達成のために、社会や政治に影響力を及ぼそうとする組織で、政治家と面談して要望を伝えたり、政府の審議会や有識者会議にメンバーを参加させて団体の主張を政策に反映させたりしてきました。その中で特に大きな政治的影響力を有しているとされるのが、経団連と「経済同友会」です。

ちなみに、経団連の副会長・理事の一人は、本書の第一章でも名前が出た、三菱重工業の泉澤清次社長です。

三菱重工業は、三年間で約一億円の企業献金を自民党に供出し、結果としてその「見返り」のような形で、防衛政策の大転換による大量の兵器受注という、大きな利益を得ることに成功しましたが、こうした構図は同社だけの話ではありません。

裏金問題が発覚した後の二〇二四年五月七日、東京新聞は自民党の資金管理団体「国民政治協会」の二〇二二年の政治資金収支報告書を調べ、同年に二〇〇〇万円以上の献金を行った三四の企業・団体を対象とするアンケート調査の結果を公表しましたが、団体で最も献金額が大きかったのは、日本自動車工業会（自工会）の七八〇〇万円でした。

自工会は、トヨタ自動車をはじめとする自動車やオートバイ、エンジンの製造会社計一四社が加盟する業界団体ですが、うち一一社は自工会とは別に企業単独でも自民党に献金を行っており、トヨタ自動車は五〇〇〇万円、日産自動車とホンダ、日野自動車もそれぞれ二〇〇〇万円以上を自民党に献金していました。

自動車以外の業界では、伊藤忠商事など五つの大手商社がそれぞれ二八〇〇万円、大手銀行（メガバンク）もそれぞれ二〇〇〇万円と、業界内で一律の献金額でした。

経団連が、与党（自民党）への政治献金を「社会貢献」という大義名分で正当化するようになったのは、奥田碩《おくだひろし》会長時代の二〇〇三年五月でしたが、不偏不党の立場で「社会貢献」として企業が政界に巨額の資金を拠出するなら、自民党という一政党だけでなく、国会で与党と対峙する野党にも同額の献金をしてもおかしくないはずです。

与党と野党が一定のバランスで拮抗《きっこう》することが、健全な民主主義の条件だからです。

経団連の十倉会長が語った「民主主義を維持していくにはコストがかかる」という言葉は、「なぜ、どのようなコストがかかるのか」という具体的な説明が欠落した、つまり論理的な説得力を持たない、ふわふわと宙に浮いたような文言です。

営利企業が自民党にばかり巨額の献金をするのは、権力を握る自民党に「恩を売る」ことでそれ相応の見返りが期待できるから、というのが、一番自然な説明でしょう。

### あらゆる政策が「大企業の利益」優先でなされる現代日本

二〇二一年四月二十一日付の東京新聞記事（ネット版）は、研究開発費を使った企業などの法人税を優遇する「租税特別措置（租特）」の恩恵が、自民党への献金額が多い業種（自動車や電機など）に大きく偏っている事実を報じました。

それによると、自民党が政権に復帰した翌年の二〇一三年以降、一九年度までの租特による「政策減税」の減税額は計六・八兆円に上り、業界別では自動車など「輸送用機械器具製造業」が一兆四〇〇〇億円で首位でした。二位は八七〇〇億円の「化学工業」、三位は五三〇〇億円の「電機機械器具製造業」でした。

ちなみに、経団連の十倉雅和会長は、住友化学の会長でもあります。

一方、同記事によれば、二〇一三年から二〇一九年の「国民政治協会」への献金額の首位は、自工会や自動車メーカーなどの「輸送用機器」で計一七億三〇〇〇万円。減税額三位の「電機機器」も、自民党への献金額は計一二億八〇〇〇万円で二位でした。

自動車業界は、自民党に一七億三〇〇〇万円を献金し、一兆四〇〇〇億円の減税という「見返り」を得たことになりますが、自工会は東京新聞の取材に「政治資金規正法にのっとって適切に行った」と（形式的思考で）コメントしただけでした。

二〇二〇年九月十六日付の東京新聞は、第二次安倍政権で租特が始まった一三年度から一八年度までの（租特による）減税額の合計約六兆円のうち、その63パーセント（三分の二弱）に当たる三兆八〇〇〇億円が、企業数で全体の0・1パーセントに満たない「大企業（資本金一〇〇億円超）」に対してなされていた事実を報じました。

先に紹介した東京新聞の二〇二四年五月七日付の記事によれば、二〇二三年に二〇〇〇万円以上の献金を自民党に行った三四の企業・団体のうち、裏金発覚後も自民党への献金を続けるかとの問いに対し、「続ける」が九、「未定」「今後判断する」が一五、未回答が一〇で、「やめる」と答えた企業・団体はゼロでした。

経団連の十倉会長が語った「民主主義を維持していくにはコストがかかる」という言葉は、自民党の国会議員が組織的に長年行ってきた、「裏金づくり」という国民への背任行為の発覚で、もはや道義的な説得力を失ったはずです。

また、裏金問題が国民から大きな批判を浴びているにもかかわらず、個別企業でトップの五〇〇〇万円を献金したトヨタ自動車をはじめ、アンケートに回答した三四の企業・団体のすべてが自民党への献金を「やめない」状況は、自民党への高額献金が「社会貢献」だという十倉会長の説明の正当性も、根本から失わせるものだと言えます。

### トラブル続出にもかかわらず「マイナ保険証」を事実上強制する自民党政府

さまざまなトラブルが続出し、それが原因で普及も進んでいないにもかかわらず、自民党政権が異様な頑《かたく》なさで推進を強行する、マイナンバーカードと「マイナ保険証」についても、自民党と大企業の互助関係や大企業の利益追求という角度から光を当てると、今まで見えなかったメカニズムが可視化されて、浮き上がってきます。

マイナンバーカードは、二〇一五年十月に住民票のある国民と外国人全員に付与された個人番号「マイナンバー」に基づき、個人の本人確認手段や行政サービスなどに使用するためのICカードで、二〇一六年一月から交付が開始されました。

その後、二〇二一年三月からマイナンバーカードに保険証の機能を持たせた「マイナ保険証」の試験運用が始まり、二〇二三年十月十三日には自民党政権の河野太郎《こうのたろう》デジタル大臣が、二〇二四年秋に従来の健康保険証を廃止し、「マイナ保険証」に一本化するとの発表を行いました。

しかし、マイナンバーカードと「マイナ保険証」は、それぞれの運用開始直後からトラブルが頻発し、特に命と健康に関わる「マイナ保険証」の医療機関でのトラブルについては、各地の医療従事者からも「診療に支障を来している」「従来の健康保険証の廃止は拙速ではないか」との声が上がりました。

二〇二四年一月三十一日、全国保険医団体連合会（保団連）は「マイナ保険証」の利用をめぐるトラブルの実態調査についての結果を公表しました。

同日付の東京新聞記事（ネット版）によれば、調査は二〇二三年十一月から二四年一月にかけて全国約五万五〇〇〇の医療機関に調査票を送付する形で実施され、回収された八六七二件（全体の16パーセント）から集計されました。

しかし、試験運用の開始から二年半以上が経過したこの時期になっても、医療機関の六割（59・8パーセント）で「読み取り不具合」や「名前や住所の表示の不具合」、「資格情報の無効」などのトラブルが発生していました。

これらのトラブル発生により、医療費をいったん十割請求（保険外扱い）した事例は、四〇三の医療機関で少なくとも七五三件に上りました。また、トラブルが発生した医療機関の83パーセントは、その日に患者が持っていた従来の健康保険証で資格確認を行ったと回答しました。

都内で記者会見した保団連の竹田智雄《たけだともお》会長は「政府はマイナ保険証利用率アップのために巨額の予算を投入する方針だが、システムが不完全なまま保険証をなくせば、医療現場が大混乱することは明白だ。（従来の）保険証はなくすべきではない」と訴えました。

普通に考えれば、いまだ完成度が低く「バグ（原因見落としによる欠陥）」があちこちに存在するシステムを、国民の命と健康に関わる健康保険証の代替物として事実上強制する政府の方針は「狂気の沙汰」に思えますが、その背景には何があるのでしょうか？

## 大企業の利権が渦巻く、マイナンバーカードと「マイナ保険証」

二〇二三年七月十三日付のしんぶん赤旗は、政府のマイナンバー事業を計一一二三億一二〇〇万円で受注した企業五社のうち、日立製作所と富士通、ＮＥＣ、ＮＴＴデータの四社が、二〇一四年から二〇二一年までの間に計五億八〇〇〇万円を、自民党に献金してきたと報じました。

そして、自民党に高額献金した各企業には、内閣府や総務省、財務省、経済産業省、国土交通省などの幹部が多数「天下り（退官した官僚の再就職）」したと伝えました。

二〇二三年五月三十一日付の東京新聞によれば、「マイナ保険証」の資格確認はＮＴＴの光回線が独占した状態にあり、ある歯科医院院長の「すべてが決められた回線や高い価格で進められており、ぼったくりでは」とのコメントも記事で取り上げました。

また、「マイナ保険証」の普及に伴う従来の健康保険証廃止について、経団連と並ぶ経済団体「経済同友会」の代表理事を務める新浪剛史《にいなみたけし》代表幹事が、二〇二三年六月二十八日の記者会見で次のように述べると、国民から大きな批判が湧き起こりました。

「（政府が健康保険証廃止を目指す二〇二四年秋は）納期、納期であります。民間はこの納期って大変重要で、必ず守ってやり遂げる。これが日本の大変重要な文化でありますから、（政府は）ぜひとも保険証廃止を実現するよう、納期に向けてしっかりやっていただきたい」

国民の命や健康を支える健康保険証の代替システムが、現状でトラブル山積にもかかわらず、居丈高に「納期」というビジネス用語を使って、政府に廃止を「指図」するかのような新浪代表幹事の態度は異様です。彼が社長を務めるサントリー（ホールディングス）は、毎年五〇〇〇万円前後を自民党に政治献金しているほか、新浪社長自身も二〇一四年九月から現在まで、政府の経済財政諮問会議で民間議員を務めています。

また、サントリーは第二章で言及した安倍首相主催の「桜を見る会」に、二〇一七年から二〇一九年の三年間で計四〇〇本近い酒類を無償で提供していました（二〇二一年五月二十八日付東京新聞）。政治資金規正法は、企業の政治家個人への寄付を禁じていることから「違法な企業献金に当たる可能性がある」との指摘もなされました。

サントリーの公式サイトを見ると、「事業紹介」のページに「食品事業」「スピリッツ事業」「ビール事業」「ワイン事業」と並んで「ウエルネス事業」という項目があり、健康食品やサプリメントの製品紹介と共に、次のような説明があります。

「サントリーは長年にわたる食の科学的研究や品質管理技術を礎として健康・ライフサイエンス分野の事業に参入しました。（略）２００１年からは、従来からの健康関連の研究開発を一層強化することを目的に『サントリー健康科学研究所（現、サントリー生命科学研究所）』を設立。（略）また、商品だけではなく、会員向けサービス『サントリーウエルネスクラブ』や無料の健康行動アプリ『Comado』などのご提供を通して、人生１００年時代のお客さまのトータルウエルネスの実現をサポートしています」

前記した「新浪発言」の問題点を報じた二〇二三年八月十五日付の東京新聞は、名古屋大大学院の稲葉《いなば》一将《かずまさ》教授（行政法）の以下のようなコメントを紹介しました。

「二〇〇〇年代から、経済界が求める要望と政府のデジタル化政策とは、歩調を合わせてきた。（略）個人情報を資源とみなしたこの段階（二〇一三年六月に閣議決定された「世界最先端ＩＴ国家創造宣言」）で、医療や福祉、教育といった分野での情報収集や活用がすでに想定されている。マイナンバーの情報を連携すればその履歴から人物像を人工知能（ＡＩ）が解析し、製薬や教材づくりといったビジネス利用も可能となる」

## 健康保険証の廃止に関する議論の内容を「記録していない」

このように、国民の命と健康に大きく関わる健康保険証の運用が、大企業の営利追求という目的によって大きく歪められている疑惑がある中、東京新聞は二〇二四年九月二十五日、河野デジタル大臣とデジタル庁、厚労省への取材に基づき、健康保険証の廃止という重大な政策決定がどのような議論を経て行われたのかという公的記録が政府内に「残されていない」との驚くべき事実を報じました。

「いつ、どんな議論を経て、誰が決めたのか。現行の健康保険証の廃止がどのようにして決まったのか、その経緯が分かる記録を政府は残していなかった。決定に至るまでの手続きも異例で唐突だった。国民が納得するだけの説明もない」

二〇〇九年六月二十四日成立、二〇一一年四月一日施行の「公文書等の管理等に関する法律（公文書管理法）」の第一条には、「この法律は、国及び独立行政法人等の諸活動や歴史的事実の記録である公文書等が、健全な民主主義の根幹を支える国民共有の知的資源として、主権者である国民が主体的に利用し得るものであることにかんがみ、国民主権の理念にのっとり、（略）国及び独立行政法人等の有するその諸活動を現在及び将来の国民に説明する責務が全うされるようにすることを目的とする」とあります。

また、同法の第四条は「行政機関の職員は、第一条の目的の達成に資するため、当該行政機関における経緯も含めた意思決定に至る過程並びに当該行政機関の事務及び事業の実績を合理的に跡付け、又は検証することができるよう、処理に係る事案が軽微なものである場合を除き、次に掲げる事項その他の事項について、文書を作成しなければならない」との文言で公文書の作成を義務づけています（「次に掲げる事項」の一は「法令の制定又は改廃及びその経緯」であり、健康保険証の廃止という決定はこれに該当します）。

こうした義務を課せられているにもかかわらず、健康保険証の廃止という国民の生死にも関わる重大な決定についての公的記録を「残していない」と平然と言い放つ河野デジタル大臣とデジタル庁、厚労省の態度は、公文書管理法の第一条に示された理念をあざ笑うかのような暴挙であり、法的にも道義的にも許されないものです。

河野デジタル大臣は、二〇二二年十月十三日に健康保険証廃止を発表した際、岸田首相への報告内容と首相から受けた指示について、手元の資料を見ながら七分近くかけて説明していましたが、東京新聞の取材に対し、デジタル庁はこの「河野大臣が会見で見ていた資料」についても「首相への報告や首相からの指示を記録した文書も作成していない」として、開示を拒みました（同記事）。

国民の命や健康に関わる健康保険証の廃止という重大な政策決定について、廃止に至る議論で交わされた閣僚や官僚の発言内容が、公文書管理法に基づく形で議事録や会議録に残されず、「口頭のみで議論されたから記録はない」というのは、近代国家としてあり得ない説明です。まさに底が抜けています。

この異様な状況を俯瞰《ふかん》的に観察すれば、よほど「国民に知られたら困るような、公益に反する発言」がそこ（議論の場）で交わされたのだなと、推測するしかありません。

健康保険証の廃止という自民党の政策は、誰のためになされているのでしょうか？

そこに「国民の命と健康を守る」という政府の責任を土台とする観点はありますか？

## 《自民党政権が進める軍備増強は本当に「国民を守るため」なのか》

### 被災地への冷淡な対応が物語る「国民を守る」という言葉の信憑性

二〇二四年一月一日の夕方、元日の日本列島を衝撃的なニュースが走りました。

北陸の能登《のと》半島で最大震度7、マグニチュード7・6という大地震が発生し、石川県の輪島《わじま》市や珠洲《すず》市などの家々が、地震と津波、火災で甚大な被害に見舞われたのです。

内閣府の非常災害対策本部が同年十月一日に公表した「令和6年能登半島地震に係る被害状況等について」という文書によれば、人的被害は死者四〇一人（うち災害関連死は四割強に当たる一七四人）と行方不明者三人、重傷者三五九人、軽傷者九七七人の、計一七四〇人でした。住宅の被害は、全壊が六四二一棟、半壊が二万二八二三棟、床上・床下浸水が二五棟、一部破損が一〇万三七六八棟の、計一三万三〇三七棟でした。

市町村別で見ると、死者数が最も多かったのは輪島市（一六一人）、次が珠洲市（一二六人）で、一連の余震が収束した後も、上下水道の断水などで日常の暮らしができない市町村が数多く存在していました。

発生から半年が経過した同年七月一日、ＮＨＫは「『何も変わっていません』能登半島地震　半年　被災地の現状は？」と題した取材内容を報じました。能登半島各地の被災地の状況や避難生活、復旧と復興の進捗などについて、現地取材と住民のインタビューに基づく構成で、輪島の「朝市通り」については次のように報告しました。

「大規模な火災が起きた輪島市の『朝市通り』周辺では、焼けた車や外壁の一部を残して骨組みだけになった建物などが、地震から半年がたった今もそのままになっています」
「輪島市内の仮設住宅に暮らす75歳の女性『半年がたちましたが今も自宅はぺしゃんこのままで何も変わっていません。隣の家に寄りかかって迷惑をかけてしまっているので早く片づけてほしい』」

二〇二四年九月一日付の東京新聞は、八月下旬にボランティアとして現地で復興支援活動に参加した同紙記者による報告記事を掲載しましたが、記事のタイトルに記されたのは「地震から8カ月…能登半島はまだ被災直後のようだった」という言葉でした。

同じ九月一日にTBSテレビのニュースが報じた内容も、「液状化で自宅は大きく傾いたまま　震災から8か月　多くの被災者が自宅に戻れず」というものでした。

その三日前の八月二十九日、子ども支援専門の国際NGO「公益社団法人セーブ・ザ・チルドレン・ジャパン」は、同年七月に行った、能登半島地震で被災した地域の子どもたち（小4～高校生）を対象としたアンケート調査の結果を公表しました。

約二〇〇〇件の回答内容を見ると、まず「能登半島地震やその後の生活について、大人や社会に伝えたいことがありますか」との問いに「はい」と答えた子どもは36・8パーセントで、「いいえ」は39・8パーセントでした。「はい」の中で一番多かったのは、「感謝の気持ち」（41パーセント）でしたが、「具体的にどんなことを伝えたいか」という質問への自由記述の回答欄には、以下のような意見が記されていました。

「総理大臣様、県知事様へ　このたびは、ごしえんありがとうございます。しかし、まだまだ復興がおそくきびしいじょうきょうであります。（略）」（中1）

「私たち政府に見捨てられた高校生3年生は1月から4月までの授業をろくに受けられもせず、生きるのに必死でした。（略）どうか、見捨てないでください。（略）」（高3）

「地震があってから、もう半年がたちましたが、こんなに復興がおそいということにびっくりしています。まだ、仮設住宅に住めていない人もいるということです。（略）もっと能登の方たちの意見を尊重し、活動をしてみたらいかがですか？（略）」（中1）

「目をそむけないでほしい。見捨てないでほしい」（高2）

「じしんのことがニュースにでにくくなっていることが心ぱい。全国に今のじょうきょうを知ってほしい。だん水や、てい電が大変なことをしってほしい」（小5）

震災から半年が経過した段階で、多くの子どもたちにこんな思いをさせている現実は、自民党政府の震災対応に深刻な不備が存在したことを示していると言えます。

## 日本政府が自国民の暮らしより優先する日米の軍需産業の利益

本書の第一章では、岸田政権の軍備増強政策について、主に三菱重工業などの軍需産業との繋《つな》がりに光を当てて説明しましたが、自民党政府の被災地対応やその他の国内政策を見ていると、ある疑問が頭に浮かんできます。

自民党政権が軍備増強の大義名分として掲げる「国民の命と暮らしを守るため」という言葉は、現実の状況とまったく合致していないのではないか。

あるいは、自民党政権は「国民の命と暮らしを守る」という重要な問題に、本当は関心がないのではないか。

もしそうだとしたら、自民党政権の軍備増強は誰のためになされているのか。

二〇二二年十二月十六日、岸田首相が防衛問題に関する三文書の「改定」を閣議決定した際、二〇二三年度から二七年度までの防衛費の総額を四三兆円に大幅増額（前の計画の一・六倍）する決定を下した事実は、本書の第一章で説明しました。

しかし、同年十二月三十一日付の東京新聞は、この岸田首相の説明には欺瞞的な側面が存在する事実を報じました。

「防衛費5年間で大幅増の43兆円、実際は60兆円近くに膨張　そのわけは…」と題された記事によれば、政府が発表した「五年で四三兆円」という数字には、期間中に新規契約する装備品購入費で二八年度以降にローン（繰越）で支払う一六兆五〇〇〇億円が含まれておらず、合計で五九兆五〇〇〇億円になると指摘。同紙は現在の政府には「国民に説明責任を果たそうという姿勢」が見えないと批判しました。

防衛装備の「ローン」とは、高額すぎて単年度で支払えない装備品について、「後年度負担」という名目で分割払いする制度のことで、同記事は「安倍政権はこの仕組みを使って、米国製兵器の購入を大幅に拡大させ、岸田政権も『防衛力の抜本強化』を掲げてその流れを加速させた」と指摘しました。

また、戦後の日本で他に例を見ないほど巨額の防衛費（軍事費）増大に伴い、財源確保のために何らかの名目で「増税」がなされるのは確実と見られていますが、自民党政府はこれについても国民への説明をはぐらかす姿勢をとり続けています。

それから一年と八か月が経過した二〇二四年八月三十日、防衛省は二五年度予算案の概算要求で、過去最大となる八兆五三八九億円を概算要求しました。

自衛隊の外国攻撃能力（政府の用語では「敵基地攻撃能力」）の関連費用では、二四年度より二五〇〇億円多い九七〇〇億円が計上され、多数の人工衛星で目標を探知・追尾し攻撃の制度を高める「衛星コンステレーション（星座）」に三二三二億円を盛り込んだほか、他国に届く複数の長距離ミサイルの取得費や、ミサイル配備に必要な火薬庫の増設費用も予算要求に組み込まれました（同日付東京新聞ネット版記事）。

要求額に占める「兵器ローン」の金額は、四兆四五二七億円で、アメリカに有利な条件で戦闘機などを買う「対外有償軍事援助（ＦＭＳ）」の総額も、過去三番目に高い九一〇八億円に上りました（同）。

ＦＭＳとは、アメリカの武器輸出管理法に従い、米政府の国防安全保障協力庁（国防総省の傘下機関）が管理窓口となってアメリカ製兵器の対外輸出を行うプログラムで、取引の条件はアメリカ側が決定し、輸入国はそれに従うことが求められています。

ただ、価格設定の決定権をアメリカ側が握っているため、人件費や材料費の高騰を理由に契約時より支払時の金額が上昇したり、秘匿性の高い技術を伴う兵器については日本側で維持や整備を行えず、アメリカの製造元企業に発注して関連費用を支払う必要があるなど、コスト面での上昇に歯止めがかからないという問題点が指摘されています。

二〇二四年八月三十一日付の東京新聞によれば、ＦＭＳでアメリカから購入するステルス戦闘機F35Bの場合、導入計画時の価格は一機あたり一六〇億円だったのに対し、概算要求では円安と人件費高騰により、一機二〇二億円に上昇しました。

## 外国軍による侵略や攻撃への「備え」にだけ熱心な自民党政権

こうした軍備増強について、政府は「戦後最も厳しく複雑な安全保障環境に対峙していく中で、いざという時に、国民の命を守り抜けるのか」（二〇二三年一月二十三日に国会で岸田首相が行った施政方針演説）などの言葉で正当化してきました。

中国や北朝鮮の軍事的脅威が日本の周辺に存在することは事実なので、それに対する一定の「備え」が必要であるとの認識は、多くの国民に支持されている状況です。しかし、我々は岸田首相ら自民党政権の国会議員が口にする「国民の命を守る」という言葉が、具体的に何を指しているのかを、冷静に考える必要があります。

一般に、軍備増強は「国民を守るため」との大義名分で正当化されますが、そこで想定される状況は「戦争」です。戦争になった時、十分な武力（軍備）が無ければ、敵国に占領支配されて、国民を守ることができなくなる。だから、国民を守るための「備え」を強化することが必要なのだ。それが、軍備増強を進める際の定番的な説明です。

しかし、我々国民の命や暮らしを脅かしているのは「戦争だけ」なのでしょうか？国民主権を前提とする民主主義国では、政府は「国民の命と暮らし全般」を守る責任を負っています。命や暮らしを脅かす、あらゆる物事から国民を守る義務を負います。

そこには、外国の軍隊による侵略や攻撃だけでなく、地震や水害などの天災、新しい感染症の全国への拡大、さまざまな理由による物価高騰や物不足、平穏な生活環境を脅かす差別思想や憎悪（ヘイト）の拡散なども含まれます。

政府は、これらのうちの一つだけではなく「すべて」に対処して、自国内の誰もが安心して暮らせる環境を維持しなくてはなりません。

では、自民党政権はどうでしょうか。

外国の軍隊による侵略や攻撃への「備え」には異様なほど熱心で、青天井という表現がふさわしいほど巨額の税金を軍備に注ぎ続けていますが、それ以外の「国民の命や暮らしを脅かす問題」に対して、同等の熱意や予算を投じていると言えるでしょうか。

能登半島地震の半年後に被災地で子どもたちがアンケート用紙に書いた切実な内容と、まるで軍艦マーチが鳴り響く昔のパチンコ屋のような勢いで兆単位の税金が兵器に投じられる状況を比較すれば、自民党政権が言うところの「国民を守る」とは「他国との戦争で勝つ」という意味に留まり、戦争以外の「国民の命や暮らしを脅かす問題」については、異様なほど無関心で無気力であると言わざるを得ません。

実際、軍備増強以外の文脈で、自民党の首相や国会議員が「国民の命や暮らしを守る」という言葉を使っている光景を見たことがあるでしょうか。

昭和の大日本帝国時代、政府や軍部の言う「国を守る」とは、実際には「天皇と天皇中心の国家体制（国体）を守ること」であり、日本で暮らす国民は「守られる対象」ではありませんでした。個々の兵士は、内心で「故郷の家族を守るために自分は戦っている」と考えていたかもしれませんが、それを口にすることは許されず（天皇への不敬として厳しい処罰の対象になる）、政府や軍部の説明でもそんな考えは認められませんでした。

沖縄県の島々やサイパン島（当時大日本帝国の統治下で多くの日本人が居住していた）では、日本軍が戦いに負けた後も、生き残った日本人の市民がアメリカ軍に投降することは許されず、アメリカ兵と接触した日本人の市民を日本兵が銃や刀で殺す事例もしばしば起きていました（日本軍側の情報が相手側に知られる可能性があるため）。日本人は市民も軍人も、みな「天皇を守るために死ぬ」ことが臣民（天皇に仕える国民）としての務めだと教えられ、市民は「軍に守られる対象」ではありませんでした。

現代の日本社会には、当時の大日本帝国のような絶対的な「天皇崇拝」は存在しないので、あれと同じようなことは起きない、と甘く見ている人も多いかもしれません。

けれども、「あらゆる面において」自国民の命や暮らしを守るという基本的な責任感を政府が欠いているという点において、当時と現在は似通っているように思います。

## 《人を粗末にする政府と、それに慣れてしまった国民》

### 北陸の震災復興より万博という「お祭りイベント」を優先

自民党政府が、他国との戦争以外の面で「国民の命や暮らしを守る」ことに関心を持っていないのではないか、との疑いを抱かせる事案は、他にもあります。

能登半島地震の復興よりも大阪・関西万博の開催を優先するかのような諸決定も、そうした疑念を生じさせる出来事の一つです。

大阪・関西万博は、大阪維新の会や関西財界などが中心となって二〇一五年四月から本格的な招致活動が始まり、二〇一八年十一月二十三日に開催が決定した国際博覧会で、二〇二五年四月十三日から十月十三日の開催が予定されています。

しかし、開催が決定した後も、日本国内では万博開催に期待する気運は高まらず、二〇二三年十一月五日に共同通信社が発表した世論調査の結果では、大阪・関西万博は「不要だ」という意見が68・6パーセント、「必要だ」は28・3パーセントでした。

万博不要論が高まった大きな理由の一つは、建設費の高騰でした。誘致決定時に一二五〇億円だった会場建設費は、資材の高騰などにより、二〇二三年十一月の時点で、当初の計画の二倍近い二三五〇億円に増額されました。また、日本政府が出展するパビリオンや途上国の出展支援、安全確保の費用などで八三七億円が別途計上され、これらの総額は、三一八七億円にまで膨れ上がりました（同年十一月二十九日付東京新聞）。

会場建設費は、国と大阪府・市、経済界が三分の一ずつ負担する取り決めなので、税金を含む公費の負担も倍増する形となります。同年十月十六日に朝日新聞が発表した世論調査によると、大阪・関西万博の会場建設費が約二三〇〇億円に倍増したことについて、「納得できない」が71パーセント、「納得できる」が24パーセントでした。

大阪・関西万博の主催者は、２０２５年日本国際博覧会協会という組織で、二〇二一年六月十六日にこの組織の会長に就任したのは、経団連の十倉雅和会長でした。

十倉会長は、能登半島地震の発生から八日後の二〇二四年一月九日に行った記者会見で万博開催について質問されると、「どうして（万博開催と震災復興が）二項対立のように考えるのかわからない」と述べ、予定通りに開催すべきだとの考えを示しました。

同日付の東京新聞（ネット版）記事によれば、十倉会長は「建設業界の人手不足が深刻化し、万博の準備によって震災復興の足かせとなる懸念が出ている」ことを記者から問われましたが、「万博も復興も両方ともやる」と繰り返すだけで、大阪・関西万博の準備工事の続行が能登半島の被災地への対応や復旧・復興に「悪影響を及ぼさない」という主張の根拠は何も説明しませんでした。

また、「被災地の復興がどの程度進めば万博開催に理解が得られると思うか」との質問にも「仮定の話には答えられない」とはぐらかすのみでした。

震災発生からわずか八日後の時点では、被害の全容は判明しておらず、どれだけの資材と人員が復興に必要かという試算などもまったくなされていませんでした。にもかかわらず、経団連と博覧会協会の会長が「開催準備を続行すべきか否か」という迷いや態度の保留もなく、断定的に「万博も復興も両方ともやる」と繰り返した事実は、復興という事業の困難さと正面から向き合おうとしない、無責任な態度だと言えます。

実際、日本建設業連合会の同年二月末の発表によれば、日本各地の建設現場で、一部のセメントや高圧ケーブルなど三〇超の資材・設備で需給が逼迫《ひっぱく》し、納期に遅れを来す状況が発生していました（二〇二四年三月十日付東京新聞）。

しかし、十倉会長は同年二月六日の記者会見でも、能登半島地震の被災地復興への万博の影響について「現時点で復旧復興に支障を来す事態は認識していない」と述べ、予定通り準備を進める考えを示しました（同日付NHK大阪ネット版記事）。

同年三月二十八日には、建設工事が進む万博会場の敷地内で、埋立地の地面から発生したメタンガスに溶接作業の火花が引火して爆発するという事故が発生しました。しかし、万博協会はこの事件の後も、パビリオン建設を中断せず、継続させています。

こうした異様な態度は、自民党の「大阪・関西万博推進本部」でも見られます。

二〇二三年十月十日に自民党本部で開かれた同組織の会合では、参加した自民党所属議員から「（万博パビリオンの建設工事の遅れで）人繰りが非常に厳しくなる。超法規的な取り扱いができないのか」などと、パビリオン建設工事を時間外労働の上限規制の対象外とするよう求める意見が上がりました（同日付朝日新聞ネット版記事）。

時間外労働の上限規制は、作業員の過労死を防ぐために作られた法律です。

それを、予定通りの万博開催のために「対象外にせよ」と提言する姿勢は、働く人の命よりも「万博開催で得られる何らかのメリット」を優先させる発想の可視化です。

大阪・関西万博の公式テーマは「いのち輝く未来社会のデザイン」とされています。けれども、実際に万博開催に向けた過程で我々が目にしているのは、この催しが人の命を軽視する形で準備を強行しているという、グロテスクな事実ではないでしょうか。

## 政府の物価高対策の欠陥と「我慢と工夫」を呼びかけるニュース番組

自民党政権が、一般国民の暮らしを本気で守る気があるのかどうか。そんな疑問をさらに深める二つのニュースを、NHKは二〇二四年九月二日に報じました。

一つ目は、「食品の値上げ　今月は1300品目余　5か月ぶり1000品目超に」という値上げのニュース。二つ目は「4~6月　国内企業の経常利益　35兆円余　四半期で過去最高」という、日本の大企業の業績が絶好調だというニュースでした。

ニュース番組やネット記事では、こうしたニュースは別々に報じられるので、いくつかの関連ニュースを頭の中で組み合わせて全体の状況を俯瞰《ふかん》するという思考の習慣（いわゆる「メディア・リテラシー」）がないと、これの何がおかしいか気づかずにやり過ごしてしまうでしょう。しかし、実はこの二つは国民が組み合わせて考えるべき内容です。

なぜなら、物価高による国民生活の圧迫と、増進し続ける大企業の利益という対照的な状況は、自民党政府が誰のための政治をしているかを如実に物語っているからです。

一つ目の値上げのニュースで、NHKは、冷凍食品などの「加工食品」七五七品目と、アイスやチョコレート製品などの「菓子」一六九品目、ウイスキーやコーヒー飲料などの「酒類・飲料」一二三五品目を含め、計一二三九二品目が同月に値上げされると伝えました。

値上げの要因については、調査を行った帝国データバンクの分析として、異常気象などに伴う原材料高や物流費および包装資材にかかる費用の増加、そして「最低賃金の引き上げに伴う人件費の増加」などを列挙しました。

この最後に指摘された「最低賃金の引き上げに伴う人件費の増加」という値上げの原因は、きわめて重要な意味を持っています。なぜなら、岸田首相が国内での物価高への対策として、繰り返し語ってきたのが「賃金の引き上げ」だったからです。

二〇二四年だけでも、一月三十日の施政方針演説、三月二十八日の二四年度予算成立後の記者会見、五月三十一日の首相官邸での大手企業経営者との懇談、七月十九日の軽井沢での経団連の会合、七月二十五日の首相官邸での記者会見などで、岸田首相は「物価高対策としての賃上げ」や「物価高を上回る所得増」という政策をアピールしました。

けれども、一見もっともらしいこの政策には、重要な「欠落」が三つあります。

まず、月給制でない事業者や年金生活者の状況改善に何の効果も期待できないこと。

次に、経済的な余裕がない企業（特に中小企業）は政府の要請に従えないこと。

そして、政府が企業に「賃上げを要請」すれば、企業側は「人件費の上昇」を理由に商品の価格にそれを転嫁して、さらなる「物価高」を引き起こすという本末転倒。

月給制の正社員や非正規社員とアルバイトは、企業側が設定する月給や日給をアップすれば単純に「賃上げ」が実現しますが、個別契約の自営業者や個人事業主、商品の売り上げで収入を得ている店舗などは、それほど話が単純ではありません。岸田首相が特定企業に「賃上げ要請」を行っても、個別契約の報酬額はさまざまな理由で総合的に決定されるもので、一律にいくらアップという月給制のような方策は適用できません。

そして、店内で作った食品や製品を店頭で販売する店舗の場合、収入を増やすには商品の価格を上げるしかなく、それでは逆に物価高をさらに悪化させる結果となります。

不思議なのは、こうした「物価高対策としての賃上げ」が内包する大きな問題点について、欠陥だと指摘する声がメディアの報道に見当たらないことです。新聞社やテレビ局な

ど で働く記者たちは、月給制の正社員ばかりなので、月給制でない形態の労働環境や年金生活者の暮らしについては、特に関心がないのかもしれません。

そして、テレビのニュース番組や情報番組は、効果がない政府の物価高対策を「欠陥」だと批判する代わりに、「物価高の状況を乗り切るための我慢と工夫」を国民側に呼びかける、まるで戦時中のような内容ばかりを放送しています。

例えば、二〇二三年七月十八日にNHK「クローズアップ現代」が放送したのは、物価高をまるで「天災」のように捉えて対処を考える、次のような内容でした。

「食品の値上げが相次ぐ中、食費の節約志向が高まっている。そこに意外な落とし穴が。食事がパンや麺類など炭水化物に偏り、体や筋肉を作るたんぱく質が不足するなど、いつの間にか〝低栄養状態〟に陥る人が少なくないことがわかってきた。さらに持病を悪化させる危険も…。〝値上げ時代〟、私たちは節約をしながら、どう健康を守ればいいのか？　必要な栄養を確保する簡単なコツとは？　専門家と具体的な〝秘けつ〟を徹底検証する」

政府が有効な物価高対策をできていないから、食品の値上げが止まらないという根本的な原因と政府の責任には目を向けず、やむを得ず食費を減らす行動を「食費の節約志向が高まっている」などと、あたかもライフスタイルの選択肢のように表現し、「〝値上げ時代〟」を前提化して「節約しながら健康を守る秘けつ」を紹介するという姿勢でした。

また、二〇二四年九月十三日に大阪の毎日放送が放送した「よんチャンTV」は、米が5キロで一〇〇〇円値上がりしたと指摘したあと、「もち麦」という穀物を米に混ぜて炊けば、ごはんを「かさ増し」できるという「生活の工夫」を紹介しましたが、実際にそれをしているという市民は、こんなコメントを述べていました。

「2合ちょっとをもち麦にしたりして耐えてます。おいしくはないですね」

先の戦争中、日本国民は米不足への対処として、麦や芋、大豆、野菜の葉などを一緒に炊いて「かさ増し」していましたが、それと同じことが、現代の日本で起きています。

にもかかわらず、こうした事態を招いた原因が「自民党政権の失政」だと指摘したり、有効な物価高対策を打てていない自民党政権を批判したりする動きは、大手メディアの報道や情報番組に、ほとんど見当たりません。政府や国家指導部の失敗の責任を追及せず、国民側の工夫と我慢だけを推奨するという受け身の報じ方も、戦時中と同じです。

先に指摘したように、自民党は献金やパーティー券購入など、さまざまな形で大企業からの金銭を得ており、物価高という一般国民の暮らしに直結する問題への対応策も、必然的に大企業の利益に沿ったものばかりになります。言い換えれば、大企業の顔色をうかがうかがっていれば、それ以外の一般国民を無視してないがしろにしても、権力の座に居座り続けることができる。それが、二〇二四年現在の日本です。

現在の自民党政府は、「自国民の暮らしを守る責任感の底」も抜けたかのようです。

### 大企業は利益も内部留保も過去最高、なのに従業員の実質賃金はずっとマイナス

ＮＨＫが二〇二四年九月二日に報じた、「4～6月　国内企業の経常利益　35兆円余　四半期で過去最高」というニュースも、自民党政権と大企業の親密な癒着関係が生み出した結果だと言えます。

財務省が発表した法人企業統計調査で、同年四月から六月までの国内企業の経常利益が三五兆円余りとなり、四半期ごとの額としては「過去最高の数字」だと伝えました。

そして、見出しにはありませんが、金融と保険を除いた国内企業の二三年度の「内部留保」が、その前の年度より8・3パーセント増加した六〇〇兆九八五七億円で、一二年続けて増加している中でも「過去最高の額」となりました。

内部留保とは、正式な会計用語ではありませんが、ＳＭＢＣ日興証券の公式サイトにある用語集のページでは、次のように説明されています。

「内部留保とは、企業が生み出した利益から税金や配当、役員報酬等の社外流出分を差し引いたお金で、社内に蓄積されたものを指します。社内留保ともいいます。総資産に対する内部留保の比率は、財務の健全性を示す指標としても注目されています」

これを読むと、十分な内部留保を持つことは、企業の財政を盤石《ばんじゃく》なものにする上で有効なのだから、増え続けるのは望ましい状況であるかのように見えます。

しかし、二〇二四年七月八日付の朝日新聞に掲載された、次のような記事と合わせて読むと、その見え方も大きく変わってきます。

「実質賃金26カ月連続減　過去最長を更新　基本給は31年ぶりの伸び」

厚生労働省が同日発表した五月分の毎月勤労統計調査（速報）によれば、労働者が実際に受け取った「名目賃金」は二九万七一五一円で、二九か月連続でプラスだったものの、実質賃金の計算に使う五月の消費者物価指数が3・3パーセント上昇したため、物価上昇分を差し引いた実質賃金は、1・4パーセントのマイナスとなりました。

この報道が意味するところは、企業の「賃上げ（名目賃金の上昇）」は、現実には物価高対策として機能していないということです。

そして、先に挙げた内部留保の資金は、本来なら従業員の賃金に上乗せして払うことも可能な「利益剰余金」ですが、それを賃金に回さずに貯め込むことで、結果として従業員の暮らしが「物価高で圧迫されている状況」を傍観し、放置しているとも言えます。

### 大企業の労働分配率が過去最低でも、ストがほとんど起きない日本

二〇二四年九月六日付の朝日新聞は、「企業がもうけの中から人件費にどのくらい使ったかを示す『労働分配率』が、昨年度は大企業で過去最低の水準に落ちこんでいたことがわかった」と報じました。

記事は、国内企業の通期決算を集計した財務省の法人企業統計調査（二〇二三年度）を元に同紙記者が分析した結果に基づく内容で、企業が生み出した付加価値に人件費が占める割合を「労働分配率」として算出したところ、金融・保険業を除く全産業では52・5パーセントとなり、一九七三年度の52・0パーセント以来の低さとなりました。

また、対象を資本金一〇億円以上の大企業に絞ると、34・7パーセントで、統計記録が始まった一九六〇年以降で「過去最低」となりました。

企業の経常利益と内部留保は「過去最大」で、大企業の労働分配率は「過去最低」。これは、何を意味しているのでしょうか？

こんな理不尽な状況が長く続けば、市民が一定の権利意識を持つ国なら「ストライキ」で経営者に対抗し、さらなる賃金アップを勝ち取ろうとするでしょう。

ストライキ（スト）は、日本国憲法の第28条で「勤労者の団結する権利及び団体交渉その他の団体行動をする権利は、これを保障する」と定められている国民の権利で、『広辞苑』第七版でストライキの意味を調べると、次のように書かれています。

「労働条件の維持・向上その他の目的を実現するために、労働者が集団的に業務を停止すること。ストライキ権は、団結権・団体交渉権と共に労働者の基本的権利に属する」

かつては日本でも、労働者が団結して労働組合法などに準じた正当な権利主張としてのストを行い、一定の成果を挙げていました。厚生労働省の統計によると、ストライキなどの「争議行為を伴う争議」の件数は、一九七四年の九五八一件をピークに、一九八〇年代中頃までは、年に四〇〇〇件近くの争議が発生していました。

しかし、一九八〇年代後半からその数は大きく減少し、一九九一年以降は年に一〇〇〇件を割り込み、二〇〇〇年は三〇五件、二〇〇八年は一一二件で、二〇〇九年以降は現在まで、年に一〇〇件に満たない状況が続いています。

二〇二三年八月三十一日、東京の西武池袋本店で「そごう・西武労働組合」の組合員がストライキを実施し、大手百貨店で六一年ぶりのストとしてメディアで報じられました。ストの理由は、そごう・西武の経営陣が進める同社の米投資ファンドへの売却が実現すれば、売り場面積縮小により雇用維持や事業継続が困難になるというもので、組合員四〇〇〇人のうち約一〇〇〇人が出社せず、店舗は全館が終日休業状態となりました。

けれども、こうした光景は現在の日本では例外的で、交通機関などで頻繁にストが行われる欧米の民主主義国に比べると、日本は極端に「ストライキが起きない国」となっています。それは、とりもなおさず、現在の日本は労働者が経営者に対して「権利を主張しない」、つまり従順な国になっていることを意味します。

## 《日本人の心にいつまでもまとわり付く「あきらめと服従への誘惑」》

### 物心ついた頃から日本人が刷り込まれる「封建的な服従」の心理

なぜ日本国民は、理不尽な状況に対して怒らず、我慢して従うのか。

その心理の背景をさぐるため、時計の針を少し戻して、先の戦争（第二次世界大戦）に敗北した直後の日本社会に目を向けてみます。

一九四五年八月に大日本帝国が無条件降伏を受け入れて戦争が終結したあと、日本国内ではGHQの占領統治下で、それまでの大日本帝国から、戦後の「日本国」への根本的な価値観の転換がなされました。

端的に言えば、大日本帝国時代は「天皇を中心とする国家体制」が国の主体で、国民はこの主体を守るための「従僕（臣民）」として献身奉仕し、必要なら命まで差し出して犠牲になることが美徳とされていました。

一方、戦後の日本国では「ここで暮らす国民や市民（公民＝シチズン）」が国の主体であり、他の民主主義国と同様、政府と国家体制は「主体（主権者）である国民」の命や暮らしを守ることが役目だと、少なくとも憲法その他では定められています。

敗戦翌年の一九四六年五月から一九四七年二月にかけて、日本政府の教育行政を司《つかさど》る文部省（現在の文部科学省の前身）は、GHQの占領統治下で『新教育指針』という教職員向けの参考書を、四分冊とその付録という形態で発行しました。

その中で、文部省は大日本帝国時代とそれ以前における「戦後の日本社会で改善されるべき、日本人の悪しき特徴」として、次のような点を列挙していました（以下、引用文は読みやすいようひらがなを漢字に直し、改行と読点を追加)。

「例えば封建時代において、将軍とそれに治められている藩主、藩主とそれに仕える家来としての武士、武士とその下にいる百姓町人、というように、上から下への関係が厳しく守られていた。そして上の者は下の者を自分に都合のいい手段として使い、下の者は自分の自由を抑えて上の者に仕えた。そこでは下の者は人間性を十分に伸ばすことができず、また人格を尊重されず、個性を認められることもなかった。

このような封建的な関係は、近代の社会にも残っている。例えば役人と民衆、地主と小作人、資本家と勤労者との関係が、主人と召使いのように考えられ、大多数の国民は召使いと同様に人間性を抑え歪められ、人格を軽んじられ、個性を無視されることが多いのである」(第一巻、p.6)

「上の者が下の者を愛してよく指導し、下の者が上の者を尊敬してよく奉仕することは、日本国民の長所であり、忠義や孝行の美徳はここに成り立つ。しかしこれは自由な意思にもとづき、自ら進んでなされるのでなければならない。

上の者が権威をもって服従を強制し、下の者が批判の力を欠いて、わけもわからずに従うならば、それは封建的悪徳となる。事実上、日本国民は長い間の封建制度に災いされて

『長いものには巻かれよ』という屈従的態度に慣らされてきた。いわゆる『官尊民卑』の風がゆきわたり、役人はえらいもの、民衆は愚かなものと考えられるようになった」（同、pp．6－7）

このように、敗戦直後の文部省は、権威による服従の強制と、批判的思考の欠落による服従、「長いものには巻かれよ」という言葉に象徴される屈従的態度、そして役人（国会議員や地方議員、地方首長を含む公務員）を一般市民より身分が上であるように見なす風潮（官尊民卑）により、日本国民は政治を批判する力を失い、「お上」の命令には文句なしに従うようになったのだと、率直に反省する形で指摘していました。

そして文部省は、こうした図式が学校の教師と生徒の間にも存在したと指摘します。

「教育においても、教師と生徒との間に封建的な関係があると、教師は自分の思うままに一定の型にはめて生徒を教育しようとし、そこに生徒の人間性が歪められる。また教師が自分の名誉や利益のために生徒を手段として取り扱うことにより、生徒の人格を傷つけることが多い。さらに生徒の個性を無視して画一的な教育を行うので、生徒の一人一人の力が十分に伸ばされないのである」（同、p．6）

## 服従させられる屈辱を忘れさせる「日本スゴイ」式の自国優越思想

文部省が『新教育指針』の中で指摘した日本人の問題点は、おおむね次の五点でした。

（一）日本はまだ十分に新しくなりきれず、古いものが残っている。
（二）日本国民は人間性・人格・個性を十分に尊重しない。
（三）日本国民は、批判的精神に乏しく、権威に盲従しやすい。
（四）日本国民は、合理的精神に乏しく、科学的水準が低い。
（五）日本国民は独り善がりで、大らかな態度が少ない。

五番目は、漠然とした指摘ですが、内容的には既に述べた問題の延長でした。

「封建的な心持ちを捨て切れぬ人は、自分より上の人に対しては、無批判的に盲従しながら、下の者に対しては、独り善がりの、威張った態度でのぞむのが常である。そして、独り善がりの人は、自分と違った意見や信仰を受け入れるところの、大らかな態度を持たない。日本国民のこのような弱点は、最近特に著しくなった。（略）

こうした独り善がりの態度は、やがて日本国民全体としての不当な優越感ともなった。天皇を現人神《あらひとがみ》として他の国々の元首よりもすぐれたものと信じ、日本民族は神の生んだ特別な民族と考え、日本の国土は神の生んだものであるから、決して滅びないと、誇ったのがこの国民的優越感である。そして遂には『八紘一宇（八紘為宇）』という美しい言葉のもとに、日本の支配を他の諸国民の上にも及ぼそうとしたのである」（同、p．8）

「およそ民族として自信を抱き、国民として祖国を愛するのは、自然の人情であって、少しもとがめるべきことではない。しかし、そのために他の民族を軽んじたり、他の国民を自分に従わせようとするのは、正しいことではない。

日本国民は、こうした態度のために、かえって世界の同情を失い、国際的にひとりぼっちになった。これが戦争の原因でもあり、敗戦の原因でもあったのである。

これからの教育においては、個人としても国民としても、ひとりよがりの心持ちを捨て、他の人々や他国の国民を尊敬し、自分と立場のちがう者の意見や信仰をも大らかに取り入れる態度を養うことが必要である」（p．8）

これらの説明を読めば、「国家体制への献身奉仕と犠牲を強いられる立場」に置かれた国民が、なぜそれを「理不尽」だと気づいて、自分たちを支配する政府や国家体制に反抗せず、どこまでも従順に従い続けたのかという理由の一端がわかります。

当時の大日本帝国政府は、天皇を中心とする自国が「世界で類を見ないほど優れた国」

であり、そこに生まれた日本人も「他の国民よりも精神性や能力で秀でた国民」なのだという「自国優越思想」で酔わせ、おだてて気持ちよくさせ、政府や国家体制に対する反抗の芽をあらかじめ摘み取っていたのです。

その裏返しとして、政府や国家体制がさまざまな形で日本国民へと広めたのが、日本以外のアジア人を「日本人より劣った存在」として見下す差別思想でした。

大日本帝国が植民地として支配した台湾や朝鮮は、日本が国費を費やしてインフラ整備や衛生面の改善などをしてやったから「近代化できた」という一方的な説明を、当時の日本国民の多くは疑わずに信じていました。その結果、一九四一年十二月に日本軍が資源獲得のために東南アジアへの軍事侵攻を行った際、東條英機内閣が掲げた「東南アジアの植民地解放」という正当化の大義名分を、多くの日本国民はそのまま支持しました。

しかし実際には、日本軍の組織内には東南アジアの欧米植民地で暮らす住民を「日本人より劣った存在」と見下す差別思想が根付いており、駐屯する日本軍人へのお辞儀を強制したり、現地の信仰を無視して天皇崇拝や日本式の神社信仰を押し付けるなど、先に引用した文章に示されているような傲慢な態度を各地で繰り返していました。

こうした、麻薬のような「自国優越思想」の差別的心理に酔うことで、当時の大日本帝国の国民や軍人は、自分の命や暮らしが政府や国家体制にないがしろにされているという「現実」と向き合う視点を喪失していたのでした。

## 「日本人は市民革命を成功させたことがない」などのあきらめの言い訳

日本人の国民性としての従順さを説明する際、よく使われるのは次のような言葉です。

「日本人は市民革命を成功させた経験がないから」

「日本人は欧米のような狩猟民族ではなく、農耕民族だから」

一見するともっともらしい説明なので、うっかり信じてしまいそうになりますが、冷静に考えれば、この二つとも、論理的な説得力を欠いていることに気づきます。

日本人が今のところ、「市民革命」を起こして成功させた（市民の力で国の体制変革を実現した）ことがないというのは、歴史的に見て事実ではあります。

しかし、視点を逆の方向に向けて考えてみましょう。

「市民革命を成功させたことがある国で、最初の『市民革命』が成功するまでの期間は、どうだったのだろう？」と。

ロシアでは、一九一七年の三月（旧暦では二月）に一度目の革命を起こして帝政を廃止し、同年十一月七日の「十月革命」成功により、形式上は人民が主体となる「革命政権」を樹立しました。それ以前にも、革命運動は何度か試みられていましたが、体制変革という「革命の成功」に繋がったのは、一九一七年が最初でした。

では、この革命が成功するまでのロシアはどうだったのか。

「市民革命を成功させた経験が一度もない国」でした。

第二次大戦後の一九四八年八月十五日に建国された韓国（大韓民国）では、長らく続いた軍部独裁体制を終わらせることを目指す「市民革命」の運動が、一九八〇年四月頃から首都ソウルを中心に湧き起こっていました。

五月十三日にはソウルの六大学で二五〇〇人、十四日には二一大学で五万人規模の集会が開かれ、五月十五日にはソウル駅前に学生一〇万人と市民五万人が集結して、軍事政権が敷いていた戒厳令の撤廃を要求しました（各デモの参加人数には諸説あり）。

そして、同年五月十八日から五月二十七日には、南部の光州市で大規模な軍による市民デモの弾圧（光州事件）が起き、数千人ともいわれる市民が犠牲となりましたが、その後も民主化を要求する市民運動の火は消えず、一九八七年六月二十九日に「大統領を直接選挙で選出するための憲法改正」を軸とする民主化政策が打ち出されて、韓国による実質的な「市民革命の運動」は成功しました。

これも、韓国や朝鮮半島の歴史においては初めての「(成功した)市民革命」であり、これ以前の韓国は「市民革命を成功させた経験が一度もない国」でした。

東南アジアのフィリピンでも、民主派の政治家ベニグノ・アキノが一九八三年八月二十一日にマニラ空港で暗殺されたあと、親米反共の独裁者フェルディナンド・マルコス大統領の打倒を目指す民主化要求運動が徐々に高まり、一九八六年二月にマニラ中心部で一〇〇万人規模の反マルコスデモが発生しました。

その結果、マルコスと妻はマラカニアン宮殿を脱出してアメリカに亡命し、「ピープル(人民)パワー革命」と呼ばれる市民革命が成功しました。これも、かつてスペインとアメリカの植民地だったフィリピンの歴史上、初めての市民革命でした。

これらの歴史的事例が示すように、どこの国も最初の市民革命が起きるまでは「市民革命を成功させた経験が一度もない国」であり、日本が現在そうだからと言って、今後も未来永劫「市民革命を起こせない国」だと思い込む必要など、まったくないのです。

## 日本人が市民革命を起こさないのは「農耕民族だから」ではない

もう一つ、「日本人は欧米のような狩猟民族ではなく、農耕民族だから」革命を起こせないという説も、一見もっともらしいので、戦後の日本で長らく語られてきました。しかし、外国をあちこち旅行してみれば、この説も「大きな勘違いだ」とわかります。

例えば、ヨーロッパやその他の国々では、政府の農業政策に反対する農民たちが、道路や都市の中心部をトラクターで占拠して抗議デモを行う光景も珍しくありません。最近では二〇二四年の一月から二月にかけて、ドイツやフランス、ベルギー、オランダなどの農民が、自国とEU（欧州連合）の農業政策への抗議のためトラクターで道路を埋め尽くすデモを行い、連帯して政治的主張を行いました。

前記したロシアの革命運動で重要な役割を担ったのは、農民と工場労働者、下級兵士であり、狩猟を生業とする猟師が革命の主役だったわけではありません。十月革命を成功させたレーニンの「ボリシェヴィキ」側の軍事組織として一九一八年一月に創設された「赤軍（後のソヴィエト軍）」の正式名称は「労働者・農民赤軍（RKKA）」でした。

これらの事例が示す通り、農民が連帯して政治的な主張をすることは国際社会ではごく普通の光景で、日本人がそれをしないのは「農耕民族だから」ではありません。

農林水産省の統計データによれば、二〇二三年における日本国内での「基幹的農業従事者（職業として主に自営農業に従事する者）」の人数は約一一六万四〇〇〇人で、同年の日本の総人口（約一億二四三五万二〇〇〇人）に占める割合は、一割にも満たない九・四パーセントでした。これで「日本で市民革命が起きないのは、日本人が狩猟民族ではなく農耕民族だからだ」と主張するのは無理があり、説得力に欠けます。

つまり、前記した二つの説明は「日本人が市民革命を起こさないことを正当化する言い訳」でしかなく、それを信じた日本国民が「あきらめ」て市民革命を起こさないような心理状態へと仕向ける、根拠のない錯覚の刷り込みでしかないのです。

では、なぜ現在の日本社会において、政治の腐敗と堕落がこれほど深刻化して「底が抜けた状態」になっているのに、市民革命のような政権打倒のデモが起きないのか。

その主な理由の一つと考えられるのは、学校や社会（企業や官庁など）の教育の結果として、日本国民の思考の中で「公民」という意識が薄れているのではないか、ということです。

先に紹介した『新教育指針』で、戦後の日本社会での主役として語られた「公民」という概念は、大日本帝国時代に国民を呼び表す言葉として使われていた「臣民（サブジェクト）」とは対極に位置するものでした。

帝国や王国など、絶対的な権威（国王、皇帝、天皇など）が支配する権威主義国の「臣民」は、絶対的な君主（大日本帝国の場合は天皇）に仕える立場で、自由や権利は当たり前のこととして統治者に「献上」され、いざとなれば君主を守るために身や命を捧げることも当然視されていました。

それに対し、「公民」とは民主主義国における主役であり、一人一人の自由や権利は独立した形で尊重され、いざとなれば「政府に守られる権利を有する存在」です。

そして、「臣民」は国の統治者が定めた社会の秩序に忠実に服従することが義務とされていましたが、民主主義国の「公民」は、自分たちで話し合って社会の構造を決めたり変更したりすることができ、その健全さを維持する責任も一人一人が負うという立場です。

昭和の後期から平成にかけての時期には、日本国内の学校や社会でも「公民」という意識を尊重する方向での努力が一定量なされていたように思います。

けれども、靖国神社への参拝を重視する姿勢が示すように、大日本帝国時代の精神文化を継承する第二次安倍政権が二〇一二年十二月にスタートして以降、日本国民の自己意識は「公民」から「臣民」へと少しずつ回帰してきたように感じられます。

## 《後世の日本人の目に「二〇二〇年代の日本」がどう映るか》

### 「あの時代の日本人は、なぜ抗わなかったのか」という疑問

昭和後期から現在までの「戦後」を生きてきた日本人は、昭和初期、つまり一九二六年から一九四五年までの日本社会の歴史を学ぶ時、二つの大きな疑問を抱くはずです。

一つは、「あの時代の日本人は、むやみに対外戦争を繰り返す自国の政府と軍部の横暴なやり方に、なぜ抗わなかったのか」という疑問。そしてもう一つは「あの時代の日本人は、なぜ自分や家族を含めて、人の命をあそこまで軽んじたのか」という疑問です。

これらの答えを見つけるには、当時の日本社会が現在とはかけ離れた「精神文化」に支配されていた事実を理解する必要があります。

文部省が敗戦直後に教員向けに配布した『新教育指針』の記述内容は、前年の敗戦で瓦解した大日本帝国の精神文化がいまだ社会に色濃く残る状態で書かれたものであり、我々はそこに記された率直な文言から、当時の精神文化を知ることができます。

現代の日本には、大日本帝国時代の特徴として語られる「軍国主義」も「極端な国家主義（ウルトラ・ナショナリズム）」も、形式的には「ない」ことになっています。ところが、『新教育指針』で指摘されている心理面での国民性や社会的風潮などは、日本社会のあちこちに、今も根強く残っているように見えます。

そして、戦前と戦中の大日本帝国で、個性の尊重という考え方がどんな風に歪められ、その価値を貶《おとし》められたかについても、『新教育指針』は的確に分析しています。

「教育においても、軍事教練や集団勤労や各種の団体的訓練が行われて、学徒の個性はほとんど顧みられず、みんなが同じ型にはめられ、同じ歩調をとらされ、同じ仕事や動作をさせられた。それによって学徒の力は十分に伸ばされず、かえって国力も貧弱になったことは、敗戦の事実が証明している。

これからの教育は、各人の個性を完成することを第一の目標としなければならない。それは、正しい意味での個人主義である。

軍国主義者や極端な国家主義者は、個人主義を利己主義と混同して、全体主義の立場から個人主義を非難し、個性を抑え歪めたのであるが、そのような全体主義こそ、かえって指導者の利己主義や国家の利己主義に他ならなかった。

個性の完成が社会の秩序を乱し、全体の団結を崩すように考えるのは、個性の完成ということの本当の意味を知らないからである。個性を完成するというのは、ひとりぼっちのわがまま勝手な人間をつくることではない。かえって個性とは社会の一員としての人間が、その地位において、その役割を果たすために必要な性質を意味する。

だから個性を完成することは、当然その人が社会におけるその人の役割を完全に果たすことになるのである」（第一巻、pp. 26-27）

一人一人の人間（国民あるいは公民）が、独立した「個性」を尊重される社会かどうかは、国全体が戦争のような自滅的行動に走り始めた時、それを止める「力」になれるかどうかという問題と直結します。

物事を「自分の頭で考えて行動する個人」が少数派で、立場が上の人間に命じられたことに従うだけの「従順な人」が多数派なら、国全体が政府の間違った判断で暴走し始めても、国民はそれを止める制動力を持つ「ブレーキ」になれず、逆に暴走を加速させる「アクセル」や「ターボ（過給機）」の役割を果たしてしまうことになります。

先の戦争における大日本帝国の「臣民」が、まさにこの状態でした。社会のさまざまな面で当時と似た境遇になっている現在、我々は「敗戦の教訓」を未来のために役立てて、同じ失敗を繰り返すことを回避できるでしょうか。

## 主体性を放棄することで得られる、精神的な負担の軽減

先の戦争当時の大日本帝国の国民（臣民）が、何かおかしいと直感的に感じてもそれを口に出さず、大勢に従い続けた理由は一つではなく、複合的なものでした。

軍の憲兵や特高警察による監視と弾圧、政府に従属するメディアが作り出す「世論」とそれが作り出す同調圧力の「空気」なども、国民に服従を強いた理由として挙げられますが、これとは別に、国民自身の「内面」にも、理由はあったのではないかと思います。

個人として物事を判断し、自分の信じた道を進むよりも、思考や行動の主体性を放棄して大勢に従う方が「心理的に楽だ」というのは、無視できない現実です。

なぜ「心理的に楽」になるかと言えば、そこには責任も葛藤も存在しないからです。

上位者や集団の判断に身を委ねて従うことにすれば、何が正しくて何が間違いなのかという難しい問題と向き合う必要がなくなり、上位者や集団が正しいなら、それに従う自分も正しいはずだという図式に、思考を単純化できます。

そして、もし上位者や集団の判断が間違いであったと判明しても、自分はただ上位者や

集団に従っただけなので、その間違った判断が引き起こした結果についても自分に責任はない、という言い逃れの道をあらかじめ確保できます。

いったん「心理的に楽な道」に進む選択肢を選んでしまうと、容易にはそこから引き返せなくなります。上位者や集団に従う態度をとった後で、それとは違う行動に態度を翻せば、上位者や集団から見て許しがたい「裏切り者」になってしまうからです。

また、上位者や集団に従う「心理的に楽な道」を選んだ人間にとって、そこに加わらない人間や、一度は加わったものの離反した人間は、集団内の秩序を乱す危険な存在です。それを放置すれば、集団からの離反という「裏切りの思想」が周囲の人間に連鎖的に波及あるいは「感染」する恐れがあるからです。

そのため、「心理的に楽な道」を選んだ人間は徒党を組んで、集団に加わらない人間や集団から離反した人間を攻撃します。その攻撃が激烈で容赦ないものであるほど、他の人間に対する「見せしめ」となり、新たな離反者の出現を回避できます。

自らの意思で「心理的に楽な道」を選んだ人間は、独立した思考を持つ「個人」であることを捨てています。孤独で無力な「個人」でいるよりは、大きくて力の強い上位者や集団に服従する「兵隊」になった方が安全だと、彼らは考えます。

しかし、その道は本当に安全でしょうか?

上位者や集団に従うことが、当座の「保身」だとの考え方が、日本社会では昔も今も根強いように思いますが、実際にはそれは「短期の保身」です。一年や三年程度のスパンで保身を考えるなら、そのような判断も「あり」かもしれません。

けれども、五年や一〇年、三〇年、五〇年という長いスパンで、過去の歴史を随時参照しながら物事を考える人なら、「短期の保身」とは泡沫《うたかた》の夢に過ぎないと気づくはずです。

それとは違う「長期の保身」とは、冷静に全体の状況を観察し、間違った方向に皆を連れて行こうとする指導者や群衆に呑み込まれず、このまま付いていくのは危険だと確信したらすぐにでもその場を離れて安全な場所を見つけ、そこに留まることです。

今の日本を生きる我々の眼前には、そんな分かれ道が存在しています。

## 大人が社会の変革と自浄をあきらめたら、苦しむのは子どもたち

本書もいよいよ締めくくりの段階となりました。

同時代人として本書を読まれている方に改めて伝えたいのは、社会の変革と自浄の努力

にエネルギーを注ぎ続けることの歴史的な意味です。

二〇一四年から二〇一五年にかけて、日本国内の各地で安倍政権の進める安保法制の改定に反対する市民デモが湧き起こり、二〇一五年八月三十日には、国会議事堂正面の広い道路とその周辺エリアを約一二万人（主催者発表）のデモ参加者が埋め尽くすという壮観な光景も出現しました。私も当日、国会議事堂から道路を挟んだ場所で声を上げ、社会の変革と自浄を求める他の市民たちとの連帯感を強く感じました。

結果的には、集団的自衛権の憲法解釈変更など、安倍政権が強硬に進める安保法制の改定を阻止することはできませんでしたが、あの一連のデモが無意味であったとは、私は考えていません。当事者意識を持って過去の歴史を学んでいれば、長い時間をかけて構築された城塞のような権力機構は、そう簡単には陥落しないと知っているからです。

横暴な政治や社会問題に対する批判や抵抗運動を、一年や三年、五年やっても状況が変わらなければ「意味がない、効果がない」とせっかちに結論づける人がいます。しかし、長いスパンで過去の歴史を振り返れば、五〇年や一〇〇年という単位で社会を変えてきたのは、根気強い市民による批判や抵抗活動の積み重ねであったことがわかります。

それを実現するには、周囲の社会情勢や政治の権力機構がどう変わろうとも、思考と行動の主導権を、一人一人の市民／国民／公民が手放さずに自分で握り続けることが必要になります。先に紹介した『新教育指針』には、次のような記述がありました。

「何事につけても上からの命令に訳も分からず従うことなく、自ら考え自ら判断して、最も正しいと信ずることを行うというような、自主的態度を養わねばならない。

また、各人が本当の力を伸ばし、自分の特色を生かして、立派な人間となること、すなわち、個性を完成することが、同時に国家のためにも世界人類のためにもなるということを、よく理解させねばならない」（第一巻、p．21）

今から五〇年後の二〇七四年に本書を読まれている方に、まず訊きたいのは、私の世代の日本人が社会人としてなすべきことを怠ったせいで、後の時代に、この国が大きな困難や災厄に見舞われませんでしたか、という問いです。

傲慢で無責任で、国民の暮らしを守ることに関心がない権力集団が、この国の舵《かじ》を掌握し、日本が動乱期へと再び足を踏み入れつつあるように強く感じられる現在、その問いへの答えが楽観的なものであるとは、私は予想していません。

一九三〇年代の大日本帝国も、当時の新聞や雑誌、同時代人の書き残した日記や手記などを読む限り、政界・軍部を含む官界・財界とメディア業界が結託して支配層を形成し、政府のプロパガンダで高揚感に酔った国民がそれに従う道を選んだことがわかります。

日本国民が自国の無謬性《むびゅうせい》を信じて夜郎自大な思想に囚《とら》われ、合理的な思考力を失った結果、無定見な軍備増強に続いて戦乱の時代へと突入し、国の内外で多くの犠牲者を出したあと、斜面を転がり落ちた岩が止まるように、破滅的な敗戦へと到達しました。

それと似たようなことが、本書を上梓《じょうし》してからの五〇年間で再び起きないとは、私には書けません。現在の日本社会は、かつてこの国がそれと気づかないまま破滅へと向かっていった時代の状況と、いろいろな面で似通っているからです。

そうなることを回避するための努力は、自分にできる限り今後も続けていきますが、特定の方向に向かう大きな「流れ」が出来てしまってからでは、それを止めることが事実上不可能になることも、近現代史を学んできた者として承知しています。


この時代を生きる我々日本の大人は、後の世代を生きる子どもたちのために、何をすべきなのか。どんなことができるのか。

今の日本社会を見渡して「今のままでは絶対だめだ」と感じている人は少なくないはずです。

こんな「あちこちで底が抜けてしまった国」を、後の世代に引き継いではだめです。手遅れになってしまう前に、空いている大穴を一つずつ、塞いでいきましょう。

# おわりに

この本を上梓《じょうし》した二〇二四年から五〇年後の二〇七四年には、私はもうこの世にいないだろうと思います。

仮に生きていたとしても、一〇七歳ではもはや新しい言論活動を行う気力や体力は残っていないでしょう。できるのは、どこかの施設のベンチに腰掛けて、窓の外を眺めながら「あれからの五〇年で、日本はこうなったか」と感慨にふけることくらいです。

もしかしたら、若い世代の人たちから「あなた方が社会の自壊を止めなかったせいで、この国はこんなことになってしまったんだ」と責められているかもしれません。

そうならないよう、自分にできることは何でもやっていくつもりですが、社会の「自浄能力」は個人レベルの問題でなく、社会を構成する一人一人の意識の問題です。

このままではいけない、後の世代のために「底が抜けた社会」の「底」を作り直して、何もかもが暗い穴に落ちていく「穴」を塞がなくては、と思う人が社会で多数派にならなければ、私がこの本で列挙した問題点は今後もさらに悪化し続けていくでしょう。

ではなぜ、日本社会で、政治の腐敗や堕落を止める「自浄作用」が働かなくなったか。我々はなぜ、社会の底が次々と抜けていくのを止める「自浄能力」を失ったのか。

理由はいくつも考えられますが、子どもの頃から頭に刷り込まれる「自分は従う立場」だという従属意識と、問題点を指摘する「批判」を「秩序や調和を乱す攻撃や文句」と曲解して封じる風潮など、市民（国民）側の思考にも原因はあるように思います。

私が中学校に入学したのは、一九八〇年でしたが、その頃には既に「自分は先生や部活顧問などの上位者に従う立場」だという従属意識の刷り込みが、教育現場でも始まっていたように思います。

二〇二三年に上梓した『この国の同調圧力』（ソフトバンク新書）の中で、私が実際に中学時代に経験した担任教師とのやりとりを紹介しましたが、私の提示した疑問に教師は何ひとつ誠実に答えず、立場の優位を最大限に使いながら、今なら「論理性がない」と気づくまやかしの論法（詭弁《きべん》）を使って、生徒を服従させる態度をとっていました。

こうした「自分は従う立場」だという従属意識を、子どもの頃から学校や社会で刷り込まれると、大人になっても「会社や上司、政府に従う立場」に居着いて、その上下関係の構図でしか社会と折り合いをつけることができなくなります。

そして、「自分は組織の上位者に従う立場」だという従属意識がすっかり内面化してしまうと、組織や集団の中で「上位」とされる人間の発言や行動がおかしいと思っても、自分は「それは問題だと指摘する立場」ではなく「問題があっても従う立場」という思考の陥穽《かんせい》に落ちて、組織や集団の「自浄能力」に寄与することができなくなります。

組織や集団の中で「望ましくない問題」や「未来を危うくする問題」が生じている時、それに気づいて率直に指摘する（つまり批判する）ことは「状況の検証をうながすアラーム（警告）」であり、上位者に対する「攻撃」や「文句」ではありません。

状況や環境にただ適応するのでなく、自分の五感や論理的思考力を「センサー」として使うことで問題の存在に気づく能力について、諸外国では「批判的思考（クリティカル・シンキング）」として重視されています。けれども、日本の学校では逆に、問題を率直に指摘する「批判的思考」は前記したような従属意識に反するとして歓迎されず、積極的に子どもに教えることもしてきませんでした（『この国の同調圧力』第五章を参照）。

問題を率直に指摘する「批判的思考」の社会的有益性という観点を持たないまま、子どもから大人になる国民が多数派になると、問題の指摘は「いらぬ波風を立てて、秩序や調和を乱す攻撃や文句」としか認識されなくなります。そんな社会では、「文句ばっかり言わず、自分が置かれた環境でできることをやっていこう」という、一見ポジティブですが実際には「自分は従う立場」だという従属意識の呼びかけが多くの共感を呼び、「現状に文句を言わず、そのまま受け入れて従う」という風潮が強まります。

こうした風潮は、社会の問題を作り出して利益を得ている側の「支配層」から見れば、とても都合のいい状況です。

本当なら市民の何倍も鋭敏なセンサーで「問題の所在」を感知し、それを批判しなくてはいけないはずの政治報道メディアの記者やその上司が、現状への適応という従属意識に思考を囚《とら》われてしまったら、もはや社会の「自浄能力」はその機能を停止します。

そして、高いところから低いところへと水が流れていくように、社会全体の倫理レベルが日に日に低下して、「昔だったら許されなかったこと」がいつのまにか「許される」という、底が抜けた国に成り果ててしまいます。

市民レベルでの批判を封じるやり方について、もう少し掘り下げると、「ある問題について批判するなら、その対処法や解決法も同時に提示しなくてはならない」かのような誤《ご》謬《びゅう》が広まっていることも、社会の「自浄能力」を阻害する一因です。

ネットでよく見かける「批判するなら代案・対案を出せ」という言い方です。

先に述べたとおり、政治問題や社会問題についての批判とは、そこに含まれる問題点や欠陥を指摘するという公益性のある行為ですが、問題が大きくて複雑であるほど、対処法や解決法を見つけることは難しくなります。それゆえ、対処法や解決法は、まず問題点や欠陥についての認識を社会で広く共有した上で、集団を構成する者全員で知恵を出し合って解決策をさぐるというのが、一番合理的な順序であると言えます。

ところが、テレビのワイドショーやネットのSNSでは「野党は批判だけ」とか「批判するなら代案も一緒に出せ」などと、「ある問題について批判するなら、その対処法や解決法も同時に提示しなくてはならない」かのような言葉がしばしば語られています。

もしこのような言説が正しいなら、問題が大きくて複雑であればあるほど、批判しづらい状況が生まれます。工場などで、稼働している機械がいつもと違う異音や異臭を発している時、これは問題の発生だからすぐ機械を止めようと意見を出す従業員に対し、「問題だというなら解決法も一緒に言え」と言う工場経営者がいたらどうでしょう。

それは単なる「批判封じ」であり、社会の「自浄能力」を失わせる圧力です。

また、政治問題や社会問題の議論について、「右派対左派」や「保守対リベラル」のような単純化した既存の図式に安易に当てはめて語る行為も、批判の意味を薄れさせ、結果として社会の「自浄能力」を弱める効果をもたらします。

例えば、与党支持が「右派」で、与党を批判する野党支持者が「左派」と単純化した上で、自分はどちらでもない「中道」の立場を取る、という態度は、一見もっともらしく、見かけ上は「バランスのとれた中立的態度」であるかのような印象を受けます。

しかし、政権与党が深刻な不正に手を染めている事実や疑惑が明らかになっている時に「不正に手を染め、それを隠ぺいする権力側」と「不正を批判する市民側」のどちらにもつかない、バランスのとれた「中道」という立場がありうるでしょうか？

そこで「不正を擁護する側にも、不正を批判する側にも立たない立場」とは、中立ではなく、単に「不正を黙認する立場」でしかありません。本書の第二章で紹介した「偽の中立と真の中立」の図が示すように、「不正をする者」と「不正を批判する者」のちょうど中間に立つ「中道」は、しばしば「いじめの傍観者」のような立場を意味します。

このように、一見すると「特定のイデオロギーに偏らないバランスのとれた立場」に見える「中道」も、状況によっては単に「現状の不正や横暴を傍観し黙認する、当事者意識を欠いた無責任なポジション」であることも多いのです。

権力の不正や倫理面での堕落という政治問題や社会問題についての議論を、「右派対左派」や「保守対リベラル」のような雑に単純化した「イデオロギー対立」にすり替えた上で「自分はどちら側にも立たない」と主張する行為は、批判という行為を無力化し、結果として社会の「自浄能力」を弱める効果をもたらします。

二〇二四年九月二十七日投開票の自民党総裁選で、石破茂《いしばしげる》が新たな総裁に選出され、十月一日には国会の衆議院及び参議院本会議での首班指名を受けて、第一〇二代の内閣総理大臣に就任、自民党石破政権がスタートしました。

それから一か月後の十月二十七日、第50回衆議院議員総選挙が行われ、選挙前には過半数の二三三議席を上回る二七九議席を保持していた与党（自民党と公明党）は、両党合わせて二一五議席（自民党が一九一議席、公明党が二四議席）に減少し、与党だけで過半数を占めることができませんでした。自民党が敗北した原因として、裏金問題への対処の甘さなどが指摘されました。

しかし、TBSテレビが十一月四日に公開した世論調査で、衆議院での与党過半数割れについて「石破総理が責任をとって辞任すべきか」との問いに、「辞任すべき」との回答は21パーセントで、71パーセントの回答者は「辞任する必要はない」と答えました。

今のところ、本書の冒頭で紹介した図の「支配層」が土台から揺らぐような様子は見られないようです。難攻不落の要塞にも似た構造を持つ「支配層」のうち、選挙という手段で国民が直接的に自浄を促せるのは「政界」という全体の一部分に留まり、それ以外の部分については、選挙とは異なる手段の「自浄能力」を見つける必要があります。

これは、きわめてハードルの高い難題ですが、それでも我々は後の世代を生きる人々のために、あきらめずに解決法を探し続ける責任があるように思います。

本書の「はじめに」でも記した通り、私は本書の執筆において、同時代の日本人だけでなく「今から五〇年後の日本人」も想定読者に加え、今の日本社会と政治状況の異様な構造について、さまざまな前提知識を共有していない「五〇年後の日本人」に一から説明するという「時空を超えた対話」を意識しました。

言い換えれば、本書が五〇年後も「歴史資料としての価値」を保てるよう、政府の重要な閣議決定の内容や各種の法律、国会審議の議事録などの「資料的価値の高い情報」を、年月日の記載と共に、紙幅の許す限り数多く盛り込みました。

こうしたアプローチは、同時代人として現代の日本社会を共に生きている読者にも、自分を「歴史の当事者」と捉える視点や思考を提供できるのではないかと思います。

自分もまた、日々形成される「歴史」の一部だという当事者意識を持った上で、政治問題や社会問題を長いスパンで考えるなら、簡単にあきらめたり、他人のせいにしたりできなくなるはずです。

本書を最後までお読みになり、現在の日本社会が抱える問題のあまりの多さと根深さに絶望的な心境になってしまった方もおられるかと思います。問題の数が多くなければ、一つ一つに丁寧に対処すれば解決できるという希望を抱けますが、あちこちで底が抜けるように同時多発的に問題が起きると、「一体どこから手をつけたらいいのか」という心境になり、もう対処しても無駄だと、解決の努力を投げ出してしまいそうになります。

ネットのＳＮＳでは、こうした状況を指して「日本終わった」などと書かれます。

けれども、現実は冷酷です。社会の問題が悪化し続け、改善の糸口が見つからない時に「この国は終わった」と投げ出してみても、現実は終わりません。そうやって対処をあきらめ何もしなくなれば、問題はさらに悪化し、我々やその後の世代が直面する負担や理不尽が増大し続けます。つまり、あきらめは解決策にも逃げ道にもなりません。

頭を抱えるような状況であっても、手の届く範囲の問題を一つでも二つでも、解決する方向で努力して、状況をわずかでも改善し、後の世代にバトンを渡すしかないのです。

そんな努力の先にしか、未来を照らす希望の光は見出せないように、私は思います。

最後になりましたが、朝日新聞出版書籍編集部の長田匡司氏と、担当編集者の日吉久代氏、本書の編集・製作・販売業務に携わって下さった全ての人に対して、心からの感謝の気持ちと共に、お礼を申し上げます。

そして、本書を執筆するに当たって参考にさせていただいた全ての書物や記事、文書、資料の著者・訳者・編者の方々にも、敬意と共にお礼を申し上げます。

２０２４年11月7日

山崎雅弘

## 《参考文献》

伊ヶ崎暁生、吉原公一郎（編・解説）『戦後教育の原典1 新教育指針』現代史出版会
NHK取材班『日本人はなぜ戦争へと向かったのか 戦中編』NHK出版
『新教育指針（第一分冊～第四分冊、附録 マッカーサー司令部発教育関係指令）』文部省
『大東亜建設審議会総会に於ける答申綴』社団法人東亜経済懇談会
戸部良一、鎌田伸一、村井友秀、寺本義也、杉之尾孝生、野中郁次郎『失敗の本質』中公文庫
『文藝春秋』2011年7月号 文藝春秋
マイケル・D・ゴーディン（林義勝、藤田怜史、武井望訳）『原爆投下とアメリカ人の核認識』彩流社
三島康雄、長沢康昭、柴孝夫、藤田誠久、佐藤英達『第二次大戦と三菱財閥』日本経済新聞社

山崎雅弘　やまざき・まさひろ
1967年大阪府生まれ。戦史・紛争史研究家。軍事面だけでなく、政治や民族、文化、宗教など、様々な角度から過去の戦争や紛争に光を当て、俯瞰的に分析・概説する記事を、1999年より雑誌「歴史群像」で連載中。著書に、『［新版］中東戦争全史』『［新版］独ソ戦史』『「天皇機関説」事件』『［新版］西部戦線全史』『［増補版］戦前回帰』『歴史戦と思想戦』『未完の敗戦』『太平洋戦争秘史』『この国の同調圧力』『第二次世界大戦の発火点』『詭弁社会』など多数。Xアカウントは、@mas_yamazaki

朝日新書
978
底《そこ》が抜《ぬ》けた国《くに》
自浄能力を失った日本は再生できるのか？

2024年12月30日第1刷発行
2025年2月10日第3刷発行

著者　山崎雅弘

発行者　宇都宮健太朗
カバーデザイン　アンスガー・フォルマー　田嶋佳子
印刷所　TOPPANクロレ株式会社
発行所　朝日新聞出版
〒104-8011　東京都中央区築地5-3-2
電話　03-5541-8832（編集）
　　　03-5540-7793（販売）

Published in Japan by Asahi Shimbun Publications Inc.
ISBN 978-4-02-295294-3
定価はカバーに表示してあります。
落丁・乱丁の場合は弊社業務部（電話03-5540-7800）へご連絡ください。
送料弊社負担にてお取り替えいたします。

## 底が抜けた国
自浄能力を失った日本は再生できるのか？

山崎雅弘

専守防衛を放棄して戦争を引き寄せる政府、悪人が処罰されない社会、「番人」の仕事をやめたメディア、不条理に従い続ける国民。自浄能力が働いていない「底が抜けた」現代日本社会の病理を、各種の事実やデータを駆使して徹底的に検証！

## 蔦屋重三郎と吉原
蔦重と不屈の男たち、そして吉原遊廓の真実

河合　敦

蔦重は吉原を基点に、黄表紙や人情本、浮世絵など次々と大ヒットを生み出した。いっぽう幕府による弾圧にもめげず、歌麿や写楽に大首絵を描かせたり、政治風刺の黄表紙を出版するなど、反骨精神あふれる蔦重の生涯を天才絵師・戯作者たちと共に描く。

## 脳を活かす英会話
スタンフォード博士が教える超速英語学習法

星　友啓

世界の英語の99・9％はナマッている。だからこそ脳の欲求の赴くままに自分なりの英語で世界と遊べ！　脳科学や心理学、AI時代のアイテムを駆使して、コスパ良く楽しくネイティブと話せる術をスタンフォード・オンラインハイスクール校長が伝授。

## 子どもをうまく愛せない親たち
発達障害のある親の子育て支援の現場から

橋本和明

「子どもには愛情を」。児童相談所の一言が、なぜ虐待を加速させたのか？　発達障害のある親は育児で大変な苦労をすることがある。虐待やネグレクトが起きてしまう実態と対策を、豊富な実例とともに紹介。子育ては愛情ではなく技術である。

## ほったらかし快老術
90歳現役医師が実践する

折茂　肇

元東大教授の90歳現役医師が自身の経験を交えながら、快い老い方を紹介する一冊。たいていのことはほったらかしでよく、大切なのは生きがいと骨。落ち目同士で群れない、手抜きしないでオシャレをする…など10の健康の秘訣を掲載。